高校优秀英语教师素质研究

——从学生视角

展素贤　著

南开大学出版社
天　津

图书在版编目(CIP)数据

高校优秀英语教师素质研究：从学生视角 / 展素贤著. —天津：南开大学出版社，2020.11
ISBN 978-7-310-05943-0

Ⅰ.①高… Ⅱ.①展… Ⅲ.①高等学校—英语—教师素质—研究 Ⅳ.①G645.16

中国版本图书馆 CIP 数据核字(2020)第 129428 号

高校优秀英语教师素质研究：从学生视角
GAOXIAO YOUXIU YINGYU JIAOSHI SUZHI YANJIU:
CONG XUESHENG SHIJIAO

南开大学出版社出版发行
出版人:陈 敬
地址:天津市南开区卫津路 94 号 邮政编码:300071
营销部电话:(022)23508339 营销部传真:(022)23508542
http://www.nkup.com.cn

北京虎彩文化传播有限公司 印刷 全国各地新华书店经销
2020 年 11 月第 1 版 2020 年 11 月第 1 次印刷
210×148 毫米 32 开本 5.625 印张 138 千字
定价:25.00 元

如遇图书印装质量问题,请与本社营销部联系调换,电话:(022)23508339

本研究受天津市哲学社会科学研究规划资助项目及天津科技大学2017年度科技成果转化奖励项目资助。

目　录

1. 导　论

高校英语教师素质直接影响着高校英语教育质量的提高，关系到高校英语课程内涵建设以及外语教育改革的成败，就更高层意义而言，也影响着我国与世界各国的经济合作及文明交流互鉴。教育部高教司吴岩在“第四届全国高等学校外语教育与改革发展高端论坛”做主旨报告时指出，截至 2018 年，我国高等教育在学总人数 3833 万，全国 2663 所大学没有一所能够把外语教学排除在外，几乎每所大学都有大学英语教学部，有近千所大学开设了本科英语专业。可见，我国高校有着一支庞大的英语教师队伍，研究高校英语教师素质，特别是研究高校优秀英语教师素质尤为重要。

学生，作为教育过程的主要参与者、体验者和教育效果的体现者，在与其学业发展和人生成长道路上的“重要他人”（significant others）——教师，进行认知、情感、态度、价值观念等方面的人际交往、相互作用的过程中，对教师素质感受最真、最深，也最有话语权。所以，从学生视角和话语体系构筑高校优秀英语教师素质体系更加可信、客观、科学，对外语教师专业发展、提高外语教学质量、实现外语教育“以文育人”“以文化人”的教育功能具有重要意义。

然而，综观国内外第二语言和外语教师教育研究，绝大多数的研究者从教师视角或研究者视角进行教师素质研究，而从学生视角实证探究优秀二语教师和外语教师素质特点的研究相对较少（展素贤、闫丽华，2015），这不能不说是第二语言和外语教师教育研究领域的一大缺陷。20 世纪 90 年代以来，在国外第二语言教师教育研究领域，西方学者逐渐意识到二语教师在语言教学及教育变革中的重要作用，在科学主义视域下主要从教师专业知识、专业知能发展了层面建构了二语教师“应然”的教师素质，据此对二语教师进行教学技能训练，取得了可喜成果。但是，二语和外语教师教育与发展归根结底是以“人”为主体的研究。20 世纪末 21 世纪初，受人文主义思潮的影响，教师教育研究者从关注教师外在教学技能培训转向研究、发展教师信念系统，明晰教师身份认同，进一步融合科学主义和人文主义的教师教育思想观，“努力将教师作为一个完整的‘人’来看待，既有专业知识与能力，也有专业态度与情感，反映的是人的意义与专业工作价值的合一”（朱旭东，2017）。教师作为一个完整的“人”在参与教育活动的过程中，与学生形成了特殊而微妙的关系，既是一种教育关系，又是一种情感关系。从这个意义上来说，从学生视角探究他们眼中完整的“人”——高校优秀英语教师的素质特点更有研究价值和教育价值。

此外，建设高素质、专业化、创新型教师队伍是立足新时代中国语境的一个重要研究课题（朱旭东，2017）。一方面，高等外语教育担负着为国家培养和储备外语人才的重任，是国家对外开放的“桥梁”和“纽带”，高等外语教育优劣关系到我国高等教育外语人才的培养质量，关系到我国同世界各国的交流，更关系到我国参与全球治理体系的改革建设。而高校外语教师素质直接影响着外语教学质量的提升，亦成为促进我国深化对外改革开放以及与世界交流互鉴的重要因素。另一方面，对高校英语教育（包括大学英语教育和英语类本科专业教育）质量的诟病由来已久，争论至今，当下又掀起一轮具有划时代意义的教育改革和课程内涵建设浪潮（蔡基刚，2017、2018；王守仁、王海啸，2019；蒋洪新，2019；常俊跃，2018）。无疑，外语教师在这轮改革浪潮中，成为改革的主体和执行者。换言之，高校英语课程改革和课程内涵建设的成功与否取决于教师素质的提升。

于是，一个具有理论和现实意义的研究问题伴随着高校英语课程改革和课程内涵建设的浪潮涌现出来：在当下中西文化互鉴交流、教育强国、高等英语教育改革和课程内涵建设以及高素质、专业化、创新型教师队伍建设等话语体系中，学生眼中是否有一群完整的“人”——高校优秀英语教师群体？如果有，他们具有怎样的特点？能否从学生视角建构高校优秀英语教师素质体系，为当下教师专业发展、实现人文教育价值功能和教育强国提供有价值的建议？对这些问题的探究，是本研究的研究目的和研究目标。

1.1 研究背景

1.1.1 教师素质研究背景

国内外教师素质研究经历了科学主义和人文主义两种理论范式从对立转向融合的过程，教师素质研究经历了教师作为“专业人”或“职业人”应具备的“应然”的专业素质特点，到兼具“反思主体”和“社会个体”的个性化和多元化人文素质特点的思辨讨论和实证研究过程（朱旭东，2017）。

在西方教师教育学界，自20世纪20年代初，科学主义主导了教师教育研究方向，这一理论范式强调科学认识是唯一有效的认识形式，认为教师素质及教师专业发展应遵循从理论到实践的线性路径——教师要先学习教育学理论知识，再把所学理论应用到教学实践，以修正、完善、提高教师的教学实践（朱旭东，2017）。在科学主义教师教育思想指导下，教师成为“被训”对象，教师发展依仗教师“身外”的外部标准、规范，而非教师“自我”“自主”的内驱发展动力或自我更新能力。在这一认识论指导下，行为主义成为科学主义一个重要分支，受其影响出现了技术理性主义、能力本位和早期专业主义教师教育思想。广义上，视教师为应用科学家；狭义上，把教师看作一名职业技术员，强调教师培训的重要性，培养内容侧重教学中可观测到的能力和技能，着眼教师“外显”的教学行为，以追求教学的有效性。教师素质则体现在教师特有的专门知识、可控制的教学行为、规范化的教学技能和可操作的教学过程等。教师只需掌握这些专业知能，按照规定程序和教学操作过程，就能达到教学效能最大化，学生也会相应达到教学要求，取得好成绩。受这一主流教师教育思想的影响，第二语言教师素质体现在其所掌握的第二语言知识、技能及其娴熟的教学操作能力和教学过程中（Freeman，1941）。

20 世纪上半叶，西方学者开始对科学的确定性和理性价值产生怀疑，受人文主义思潮的影响，对教师及其素质的研究不再是对教师技能的训练，而是强调发展教师“内隐”认知、信念和知识体系，承认教师身份认同在教师素质中的重要作用，强调教师个体生活的教育体验、个体实践知识、个人教学实践反思和掌握多元文化理论的重要性（Pajares，1992；Woods，1996；高雪松等，2018）。在建构主义理论指导下，主张从教师的“生活世界”出发，一方面，促进教师有意义的个人和集体专业学习，引导教师在真实的个人和社会实践情景中，在与他人互动交流行动中建构知识的意义；另一方面，培养教师的角色转换意识，从知识的传授者转向学生发展的促进者和帮助者（Williams & Burden，2000）。此外，受叙事性知识理论的影响，主张教学为一种叙事，是在日常生活中，教师根据学生需求不断建构知识和经验的过程，通过叙事实现师生交往，为学生发展建立教育意义，体现教育价值（Xu & Connelly，2009）；受反思行动知识理论的影响，教师是反思实践者，而非职业技术员（Schön，1983）。教师不仅是“外显”的掌握教学技能的职业人，而且是一个具备专业知能、专业态度和情感完整的人，教师个体实践知识和教师身份成为教师素质的重要内容。受科学主义与人文主义融合的主流教师教育思想的影响，第二语言教师素质则体现在其所掌握的专业知识和技能、专业情操、专业情感及教师身份等方面（Bejaard，Meijer & Verloop，2004）。

在我国外语教师教育研究领域，受国内外教师教育思想的影响，对外语教师素质的研究，也经历了从关注教师专业素质到关注教师个体实践知识和教师身份的过程。“外来的各种知识、技能和要求必须经过教师真正的反思，并能整合进自己对‘自己作为教师是谁’及‘教师应该是谁’的理解，才能生成性地、独特性地和创造性地进行教学”（叶菊艳，2017），教师身份成为教师素质研究的重要内容之一。自 2005 年以来，尽管对外语教师素质的实证研究逐年增多，但大多数学者是从教师专业发展的角度，如从教师和研究者视角阐释高校英语教师职业发展需求（周燕，2005）、高校优秀外语教师的素质内涵（吴一安，2008；史耕山、周燕，2009）以及促进优秀外语教师专业成长的因素（顾佩娅等，2013、2014、2015），特别是吴一安（2005）采用问卷调查和访谈相结合的方式，从教师视角用四个维度构筑了高校优秀外语教师的素质体系。但是，教学过程的主要参与者、教师素质的直接感受者——学生的声音却被忽略了（展素贤、李肖，2013；展素贤、闫丽华，2015）。换言之，从学生视角考察高校优秀外语教师素质的特点，却少有研究。

有鉴于此，有必要从学生视角研究高校优秀英语教师的素质特点，以构筑学生视角下的高校优秀英语教师素质体系。

1.1.2 新时代高等外语教育改革背景

自 2012 年 11 月党的十八大召开以来，我国社会发展处在了一个新的历史起点，中国特色社会主义进入新时代。在国家层面，与世界各国交流互鉴，勾画并实施“一带一路”倡议，实现教育强国的梦想，国家新时代的一系列战略性决策的成功落地与实施对外语教育和高素质外语人才的培养提出了更高的要求。为此，教育部启动了新一轮高等外语教育改革和课程改革行动方案，颁布了《外国语言文学类教学质量国家标准》（全书简称《国标》）（教育部高等学校教学指导委员会，2018），要求各高校从国家战略高度出发，加强大学英语课程和英语类本科专业课程的内涵建设，努力打造“两性一度”（即高阶性、创新性、挑战度）的“金课”（蔡基刚，2018）。

国家战略对外语人才的需求以及高校英语教育教学现状中存在的问题，引发了我国外语学界学者的热切关注和激烈争辩（蔡基刚，2010、2018；常俊跃，2018；王守仁、王海啸，2019；蒋洪新，2019）。首先，在大学英语教学层面，围绕大学英语教学定位、大学英语的“工具性”和“人文性”进行了激烈讨论（蔡基刚，2010），由教育部大学教学指导委员会引领起草了《大学英语教学指南》，以促进各地大学英语教学和课程改革（王守仁，2016）。同时，在高等教育英语类本科专业教学层面，针对我国各高校英语类本科人才培养目标不清、专业定位不明、人才培养与社会实际需求脱节、课程设置“同质化”、学生人文素养和思辨能力不足等问题（汪晓莉、胡开宝，2011；仲伟合，2015；冯光武，2017），《国标》明确了外国语言文学的人文属性、人才培养目标和培养规格，以指导英语类本科专业教学改革和课程内涵建设（蒋洪新，2019a）。

在我国高等英语教育和教学改革的大背景下，全国各高校大学英语教学和英语类本科专业教学，依照《国标》，根据各自所在高校人才培养定位，对所在学校的英语类本科专业的课程设置、教学大纲、教学方法、信息技术与传统课堂的教学模式和测试评估等进行了全方位的改革（蔡基刚，2018b；常俊跃，2018；王守仁、王海啸，2019；蒋洪新，2019）。各高校外语教育教学理念和教学方式的改革，连同《国标》和《大学英语课程指南》所倡导的教育改革理念，已然对高校英语教师素质提出了更高要求，同时教师素质的提升也面临着更大的机遇和挑战。毋庸置疑，感受教育改革背景下高校英语教师素质提升后的教学效果，最有体验和话语权的当属高校学生群体，由此可见这一研究课题的必要性。

1.1.3 新时代高校外语教育改革与高素质外语教师队伍建设

任何一项教育改革和课程改革的实施离不开教师理念、认知、知能的拓展与提高。基于此共识，2018 年中共中央、国务院颁布了《关于全面深化新时代教师队伍建设改革的意见》，要求我国 1578 万名各级各类教师须承担起立德树人重担，自觉担负起为新时代塑造灵魂、塑造生命、塑造人的历史责任。一方面，教师必须要走高素质、专业化、创新型道路，成为助推我国教育强国梦想实现的主要执行者和实施者；另一方面，新时代教育改革和对教师发展的期盼与要求势必助推教师专业发展进程，为教师素质的提升指明方向。可见，新时代高等外语教育改革、外语课程改革和高校外语教师素质、教师发展的关系是彼此依赖、相互促进、共存共生的。因此，高校优秀英语教师素质研究必须植根于我国新时代高等教育改革和课程改革的本土实践之中。

为此，在我国新时代高等外语教育教学改革的大背景中以及有关教师成长的各高校外语教学改革情景中，研究者认为，应从三个维度探究我国高校优秀英语教师素质特点，才更具解释力和科学性。第一，从科学主义和人文主义相融合的哲学范畴，视教师为一个完整的“人”，即高校优秀英语教师既是一个优秀的“职业人”，又是一个“社会个体”。第二，从交叉教育理论和教师教育理论视角，探究优秀教师素质特点是科学主义和人文主义哲学范畴相融合的必然结果。第三，从学生视角探究高校优秀英语教师的素质特点是研究使然，因为在科学主义和人文主义相融合的哲学范畴采用的是交叉理论视角，在探究高校优秀英语教师的“全人”特点时，必须要看“谁”与作为“全人”的高校优秀英语教师所生活的教育世界有着密切的职业关系和人际关系，“谁”最能感受教师作为“全人”的存在。毋庸置疑，学生的认知、感受和话语最能反馈、揭示优秀教师作为“全人”的优秀品质。由此可见，从学生视角探究高校优秀教师的素质特点，是教师教育研究的必然归宿。

1.2 研究目的和研究意义

1.2.1 研究目的

本研究是在我国新时代高等外语教育改革的大背景下，在科学主义和人文主义相融合的哲学范畴下，采用交叉理论，从学生视角描述、理解、阐释，并进一步建构学生视角下的高校优秀英语教师素质的理论体系。

为实现本研究目的，基于已有研究和理论的整合与评判，拟采用定量和定性研究相结合的研究方法，分别开展以下三个方面的研究，如图 1.1 所示。

第一，实证探究阶段，拟采用定性研究，通过半开放式访谈倾听学生的“真实”声音，客观采集学生心目中高校优秀英语教师素质的鲜活文字材料，从大量、丰富、无序的数据资料中，析得高校优秀英语教师素质的维度。

第二，实证验证阶段，采用定量研究为主并辅以定性研究，通过发放问卷调查量表和叙事框架问卷，科学、系统地进行随机抽样和典型样本选取，多方法采集、分析并验证第一阶段析得的高校优秀英语教师素质维度的信度和效度。

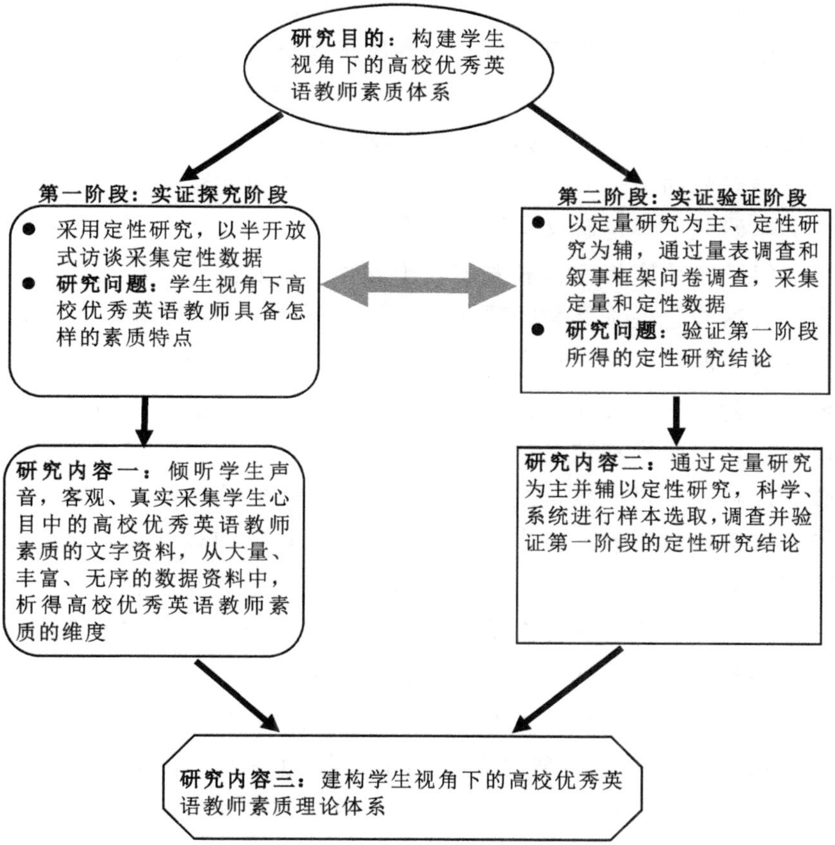

图 1.1 本研究设计框架

第三，基于定性研究和定量研究相结合的混合研究结论，构建学生视角下高校优秀英语教师素质的理论体系，为我国高校职前和在职外语教师专业发展内容和途径、现存教师评价内容与方式提供有价值的启示，为外语教育改革以及建设新时代高素质、专业化、创新型高校外语教师队伍提出合理化的建议。

1.2.2 研究意义

本研究在科学主义和人文主义相融合的哲学范畴下，采用交叉理论，从学生视角探究新时代高校优秀英语教师群体的素质特点，为我国高校外语教师专业发展的内容和路径提供启示，推进高校外语教育改革和外国语言文学学科建设。作为教师素质和教师发展研究的一部分，本研究具有一定的理论和现实意义。

本研究的理论意义有以下三个方面：

（1）本研究将完善和发展关于教师素质及其构建理论。教师素质及其构建理论是教师研究和教师发展研究的重要理论之一。自该理论产生以来，鲜有采用实证研究方法，从新时代大学生的视角阐释、完善并发展我国高校优秀英语教师素质理论体系。本研究以定性研究和定量研究相结合的方法，以丰富、鲜活的定性数据语料，定量大数据统计，多方法采集新时代大学生眼中的高校优秀英语教师素质特点，在一定程度上对我国教师素质研究，特别是高校外语教师素质研究做出进一步的完善和发展。

（2）本研究将诠释扎根中国土壤的高等外语教育改革语境中的教师素质建构。随着对教师素质研究的深入，研究者更加关注特定教育和社会文化情境对教师素质形成的影响。本研究一方面将高校外语教师素质研究置于当下倡导的高校教育改革和高素质、专业化、创新型教师队伍建设的特定语境和话语体系中；另一方面，将这一研究置于学生所感受的高校优秀教师素质特点或教师素质发展结果的话语体系中，研究结果必将“真实”诠释我国新时代高素质、专业化、创新型高校优秀外语教师素质特点。

（3）本研究将对职前和在职外语教师专业发展进行探索和讨论。自 21 世纪以来，我国外语教师教育研究领域中有关教师素质和教师专业发展的研究日益丰富，尤其在新时代建设高素质、专业化、创新型教师队伍建设的话语体系中，研究者从不同理论角度,采用不同研究方法探讨了教师在教育教学领域中的专业知识、能力发展、认知发展，身份认同建构等。但相对于其他学科领域而言，高校外语教师专业发展研究的理论视域、实践探究途径还不够深入，特别是从学生视角建构的高校优秀外语教师素质指向下的职前和在职教师发展的内容和途径尚不完善。因此，本研究将会进一步丰富已有外语教师专业发展研究，为教师专业发展的内容和途径提供思路。

在现实层面，随着我国高等外语教育改革、课程内涵建设、打造“金课”的逐步推进，特别是对高素质、专业化、创新型教师队伍建设在国家、社会和学校的期盼中，本研究结果将具有以下重要实践意义。

首先，本研究成果能为我国高校外语教育改革和教师队伍建设的推进和实施提供思路和启示。作为教育改革和课程改革最直接的执行者和实施者，教师的素质提升和教师在教育改革中所起的作用不言而喻。了解学生眼中高校优秀英语教师素质的特点，从中反观、反思优秀教师专业成长路径，为如何提升教师素质、创建高素质教师队伍指引了方向。

其次，本研究成果能够为职前和在职高校外语教师反思个人教学实践和专业发展内容与路径提供很好的反思素材。此外，本研究所提供的学生话语体系下的高校优秀英语教师素质特点的大量语料，将为广大高校外语教师勾勒鲜活的优秀教师群体图，对教师有一定的示范作用。利用这些语料建构的高校优秀教师素质的理论体系，会成为广大教师不断反思的参照体系，帮助高校英语教师明确“我是谁”“我想成为谁”和“我怎样成为谁”的教师身份认同及教师身份归属。

最后，本研究的结论将为教师评价体系的评价内容、评价标准等提供实证数据的依据和支持，并为教师专业发展促进者和教育主管部门在制定教育政策,特别是对有效推进和落实中共中央、国务院印发的《关于全面深化新时代教师队伍建设改革的意见》中有关教师队伍建设的内容方面，提供一定的实施对策。

1.3　研究问题

本研究在借鉴国内外教师教育领域，特别是外语教师教育研究领域有关教师素质和教师发展理论与实证研究成果的基础上，在我国新时代高校外语教育改革情景下，以天津地区高校英语教育、教学实践为研究场域，采用定性研究和定量研究相结合的方式，通过访谈、问卷调查和叙事框架问卷调查采集学生视角下我国高校优秀英语教师素质特点，旨在回答一个核心的研究问题：基于学生视角的高校优秀英语教师具备怎样的素质特点？

为有效回答这一核心研究问题，本研究主要采用了混合研究范式。在第一阶段的实证探究阶段先采用了定性研究，在第二阶段的实证验证阶段主要采用了定量研究并辅以定性研究（参见图1.1），确保以学生视角构建的高校优秀英语教师素质体系的效度和信度，为高校英语教师专业发展，建设高素质、专业化、创新型教师队伍，有效推进和实施高等英语教育改革，制定与教师发展和教师评价相关的政策提供理论支撑和数据支持。

1.4　研究框架

本研究共九章，主要内容如下：

第一章　导论。本章旨在提供研究背景、研究框架，主要介绍了研究背景、研究目的、研究内容、研究意义、研究问题以及研究框架等。

第二章 高等教育期许。本章旨在提供本研究的高等教育改革的现实背景，主要在回顾科学主义和人文主义哲学思潮从对立到融合的基础上，阐释了两大哲学思潮指向下的高等教育观，并在此基础上分析了我国当前高等教育改革的必要性和重要性。

第三章 文献综述。本章在回顾国内外有关二语/外语教师研究的基础上，首先界定了教师素质和教师专业发展的两个重要概念，然后梳理了国内外有关高校优秀英语教师素质的相关研究及趋势、高校英语教师专业发展的研究及趋势，最后提出了本研究的研究理据。

第四章 交叉理论视角。本章旨在为本研究提供理论视角，首先在探讨理论和实践关系的基础上，回顾了两种哲学思潮影响下的教师素质研究的主要理论，重点梳理了本研究的理论分析框架——学习共同体理论的交叉理论支撑体系。

第五章 研究设计与研究过程。本章描述了选择混合研究范式的理据、设计过程及实施步骤。首先解释了选择混合研究范式的理据，然后分别描述了在实证探究阶段，研究者所采用的定性研究的理据、数据采集和数据统计过程，在实证验证过程中，研究者所采用的定量研究为主、定性研究为辅的研究理据、数据采集和数据分析过程。

第六章 第一阶段的研究结论。本章聚焦基于学生视角的高校优秀英语教师素质的定性研究结论。为此，在概述定性研究的基础上，本章汇报了第一阶段研究的主要发现，即学生视角下的高校优秀英语教师既有作为“职业人”的职业特点，又有高校优秀英语教师作为“社会人”的个性特点；高校优秀英语教师具有很强的教学能力，表现在教学目标的确立、教学内容的选择以及教学模式的使用方面。

第七章 第二阶段的研究结论。本章聚焦定量研究的调查量表统计结果和定性研究的叙事框架问卷的定性分析结论。为此，在概述第二阶段所采用的定量研究的基础上，得出调查量表的数据统计结果和叙事框架问卷的定性数据分析结论，验证并进一步阐释了高校优秀英语教师素质体系和高校优秀英语教师的教学能力体系。

第八章 主要发现与讨论。本章回顾了研究过程和主要研究结论，讨论了本研究的理论贡献、实践启示与建议；同时，在进一步分析本研究局限性的基础上，指出了未来研究的发展方向等。

第九章 结语。本章总结了在新时代探究本课题的理论意义和实践意义。

2. 高等教育期许

科学主义和人文主义哲学思潮的对立与融合，对包括我国在内的许多国家的高等教育目的、功能、教学内容以及教学方法产生了重大影响，也使得高等教育领域成为两大哲学思潮的主要实践之地，并为理解当下高等教育改革提供了很好的哲学视域。

2.1 科学主义和人文主义哲学思潮的对立

在西方学界，19 世纪末 20 世纪初的科学主义哲学思潮，影响了科学主义哲学视域下的科学主义教育哲学观、教师素质和教师专业发展观。

受自然科学实证主义的影响，在人文科学或社会科学领域，若想揭示事物或现象的“本来”“真实”面目，最可靠的路径和手段就是将自然科学中严谨、科学的实验手段和其他实证研究方法推广应用到社会科学、人文科学的研究中，以规范这些学科内容，提高学科的“科学”水平（刘宝存，2005）。

与科学主义相对立，20 世纪上半叶出现的人文主义哲学思潮，则把“人”视为万物的尺度，认为人是世界的主体，强调“人主要是一种精神的存在，因此非常重视人格的陶冶和个性的自由发展”（刘宝存，2005），强调人文学科或自由知识是最重要的知识，科学应重新回到人所生活的世界中去。受人文主义哲学思潮的影响，在社会科学或人文科学领域，人们发现人文科学或社会科学中的研究对象“人”与自然科学中的“物”有着本质区别。“人”是有自我发展意识和主观能动性的思想者，是受一定价值导向影响的道德主体。于是，人们开始对自然科学实证研究方法应用到社会科学的确定性和价值产生质疑，认为用研究自然科学的方法研究人及人类社会是错误的，随之出现了科学主义和人文主义两大哲学思潮的对立。

2.2　科学主义和人文主义哲学思潮的融合

然而，在科学主义和人文主义哲学思潮对立的过程中，人们发现无论是在单纯的科学主义还是人文主义哲学视域下去探究人的本质都不足以帮助人们认识世界，真正解决人类社会所面临的问题（朱旭东，2017 b）。这是由于从哲学高度看，科学主义帮助人们揭示的是人的自觉本质，而人文主义帮助人们确证的是人的自由本质（胡存之，2003），割裂对立科学主义和人文主义均是对人的本质的片面理解（朱旭东，2017 b）。所以，不能将科学主义和人文主义完全割裂开来，而应将两者融合，实现“你中有我，我中有你”，达到科学主义人文化、人文主义科学化的研究状态。

因此，在教育领域和教师教育领域，科学主义视域下的科学教育和人文主义哲学视域下的人文主义教育只涉及教育的一半，在割裂对立的两种哲学视域下的教育结果“只是半个人，只有将二者结合起来，实现二者的互补，教育才是完整的教育，它所培养的人才是完整的人”（刘宝存，2005）。

2.3 两大哲学思潮从对立到融合的高等教育观

两大哲学思潮对立下的高等教育有很大区别。

首先，在高等教育培养目标上，科学主义哲学视域下大学教育的培养目标是以满足社会和国家需要为基础，而以人文主义为基础的高等教育哲学则认为，“大学是一种以个人需要而非社会需要为基础的机构，大学教育的培养目标在于使人的个性得到自由的、和谐的发展”（刘宝存，2005），大学教育的目的在于培养“完人”。

其次，在教学内容方面，科学主义高等教育哲学大力提倡科学教育，主张大学教育的专业化和职业化；而在人文主义高等教育哲学看来，由于高等教育在于培养“完人”，所以课程设置应从关注学科专业化转移到人格世界，符合人性发展需要，学科应是人文学科，以实现心灵提升发展的价值。此外，教师应把学生看作一个自由的人，尊重学生独特而完整的个性，与学生建立一种相互尊重人格的对话关系，而不是把自己的意志强加给学生。

最后，在教学方法上，科学主义高等教育哲学认为教学是一个“科学”过程，教师应严格遵循科学程序和逻辑顺序，以帮助学生精确、迅捷、有效地掌握学科专业知识；而在人文主义高等教育哲学看来，高等教育最理想的教学方法就是苏格拉底式的问答法，通过师生间的相互对话，使学生得到启示和结论。

以上两种对立的哲学思潮都是片面的，均不能将人培育成“完人”。于是两种哲学思潮逐渐趋于融合，并给高等教育带来重要启示。实际上，这种融合趋势可追溯到现代大学之父——柏林洪堡大学创校元勋洪堡的三种办学理念（刘宝存，2005）：第一，大学的教育目标是培育“完人”。这就要求教育管理者和教育者，在管理大学、传授学科专业知识过程中，必然要以学生为中心，加强素质教育。第二，大学教育的双重任务，即实现教学和科研的平衡发展。历史和现实均给我们阐释了大学之所以为大学的内涵——在整个高等教育过程中，教育者和教育管理者需将受教育者培育成“完人”，使他们有别于未受过高等教育的人。他们既要有知识，又要有德行，“学会认知、学会做事、学会合作、学会生存”。同时，又要关注学生理想个体的生成与发展，实现价值引导和自主建构（肖川，2016）。为此，教师需不断进行个人和集体职业学习，从事与教学和社会进步相关的、前瞻性研究。第三，大学的管理理念应是独立、自治和学术自由。正如雅斯贝尔斯在《大学之理念》中给大学的一个简明但对当代大学有深刻借鉴意义的定义，“大学是一个由学者与学生组成的、致力于寻求真理之事业的共同体”（雅斯贝尔斯，2007）。

此外，国内外实证研究表明，“在有效教学中，教师情感特点或社会和情感行为往往胜于教师的教学行为”（Stronge，2007）。也就是说，真正好的教学不是停留在教学技术层面，而是来自教师自我认同与自身完整塑造上（帕尔默，2005）。教育的本质乃是教师在教育这一特殊社会环境中，如课堂、学校、学校外等各种教育契机，通过个体存在与学生进行思想、情感等的互动交流，在互动交流过程中，学生获得学业成长并服务于社会。

2.4　我国当前高等教育改革

在我国当下以科研为导向的教师评价体系的强力牵引下，高校教学的中心地位受到严重挑战，重科研、轻教学的现象比较普遍（张应强，2010），教学和科研失去了应有的平衡，大学的“高等教育”功能受到挑战和威胁。所以，我国教育部和研究者呼吁大学应回归大学之道，使大学更像大学，以全面提高高等教育质量。

“适当规避过重的科层陋习，改变唯上、唯权的行动逻辑……潜心育人，探究真知，引领社会；重塑温润人心、高山仰止的文化组织品相”（董云川，2017）。

在这样的大学里，教师要回归初心，回归教学（陈宝生，2018），在传授学科知识的同时，要以学生为本，“全面实施素质教育，把促进人的全面发展和适应社会需要作为衡量人才培养水平的根本标准”“创新教育教学方法，倡导启发式、探究式、讨论式、参与式教学”。

在提高教育质量，打造“两性一度”的“金课”教学过程中，教师需承担“教书育人、立德树人”的职责，时刻铭记“为谁培养人”“怎样培养人”“培养什么样的人”的问题。教育本身乃是人的教育，不能舍弃价值和道德问题。所以，教师要对学生实施以人为本的关心教育，即“强调以受教育者为主体，传授具有人性内涵的道德规范，在实施中要求遵循人性特有的规律。践行关心教育，就是要教人投入所有的人格因素，用心灵与他人相知、相遇；教人衡量、体会他人的需要、追求和价值，从而养成丰富的人际和社会意识，为构建和谐社会添砖加瓦”（董云川，2017）。

高等教育的目的不在于教师简单传授社会文化知识，学生被动吸收、累加知识，而是将教育视为培养人、使其成为“完人”并完善人格的过程。教育本质是人与人在各类不同学习共同体中，教师和学生、学生和学生、教师和教师之间相互影响、相互沟通的活动。在这样相互影响、相互沟通的过程中，学生人格得到培养和发展，教师人格得到相应完善，以达到实现改良社会之目的。

为有效实施这些高等教育改革理念，高等教育研究者呼吁在我国大学里要营造、重塑大学“本体性文化”，即激励学生精神成人的文化，就是激励他们不断挑战自我心智、努力发掘自我潜能、全面提升自我人格的文化……也就是以大学师生创造性的教学、研究与文化生活为中心的大学生活方式（刘铁芳，2014）。

在回归大学之道和重塑大学文化精神过程中，在作为“寻求真理之事业的共同体”（雅斯贝尔斯，2007）的大学里，高校教师应努力提升自身素质，不断追求教师专业发展，有担当，有作为，完成时代所赋予的历史使命。

正是基于此现实背景，本研究旨在探究学生视角下的高校优秀英语教师的素质特点。为此，在当下高等教育改革背景下和高等教育的期许中，特别是在新时代建设高素质、专业化、创新型教师队伍建设的话语体系中，需进一步探究我国外语教师教育研究领域有关高校英语教师素质和教师专业发展的研究趋势。

3. 文献综述

在我国教师教育研究领域（包括第二外语教师教育研究领域），对各学科教师素质及内涵、教师专业发展内容及模式的实践探索，多受科学主义和人文主义的西方教育思想以及教师教育思想的影响，教师教育领域的教师素质研究也成为这两种哲学思潮从对立到融合的重要实践之一。可以说国内外研究者对优秀教师素质特点的理论讨论和实证探究经历了这两种哲学思潮从对立走向融合的发展历程。“从整体上说，20 世纪以来西方教师教育思想的发展形成于全球化的社会历史背景下，建立在科学主义与人文主义两种哲学思考从对立走向融合的理论基础之上，同时也表达了对教师认识的思想变化逻辑，即从强调教师职业的功能性的认识，到强调教师作为完整的人的认识”（朱旭东，2017b）。

在进行有关我国高校优秀外语教师素质研究之前，有必要首先界定外语教师教育研究领域的归属问题、教师素质和教师专业发展的概念，以更好解释高校优秀外语教师素质的科研实践。在此基础上梳理了有关教师素质、优秀教师素质，特别是我国高校优秀英语教师素质的研究，以及国内外有关教师专业发展的研究。

3.1 教师素质和教师专业发展概念

3.1.1 外语教师教育研究领域归属

外语（或二语）教师教育研究，属于一级学科“外国语言文学”下的二级学科“外国语言学及应用语言学”的一个研究范畴。据此，这一领域的产生和发展离不开教育学理论、教师教育理论以及应用语言学的相关理论。从这个意义上讲，外语教师教育研究属跨学科研究。

3.1.2 教师素质

“素质”是一个生理学概念，是指有机体与生俱来的某些自然生理特征，是后天能力发展的前提和基础，即“人的先天生理解剖特点,主要是指感觉器官和神经系统方面的特点”(辞海,1999)。而在教育领域，人们常说的素质，被赋予了新的内涵，不仅包含自然人先天特质，还包含后天人在其整个发展过程中获得的所有特性。而这些后天特性是在先天特质的基础上，通过参与教育和实践活动所形成的人的主体性品格，是人的道德、智慧和审美等的系统整合（陆晓红，2012）。

就教师素质而言，国内外学者在两大哲学思潮的影响下，对教师素质定义和内涵的阐释意见不一。在科学主义哲学范畴下，研究者从教师作为专业技术者的视角来定义教师的专业素质。例如，孙晨红等（2016）认为,“教师专业素质是指教师在教师教育和教育实践中获得的，在教育活动中体现出来并直接作用于教育过程的，具有专门性、指向性和不可替代性的心理品质。教师的专业素质是教师从事教育工作的心理条件，主要包括教育知识、教育专业能力和教育专业精神”。

在人文主义哲学范畴下，教师素质除了包括科学主义哲学视域下的教师专业素质外，还包括教师作为“人”的道德品格和人格素质，即教师在教育教学活动中表现出来的、决定其教育教学效果、对学生身心发展有直接而显著影响的内在要素的总和（林崇德等，1996），亦即教师在思想上、道德上、心理上、文化上必须具备的基本条件。

在我国当前教育改革背景下，教师素质的要求首先注重教师的道德素养，这是教师素质的核心。在《国标》中，对外语教师素质有以下明文规定：

（1）符合《中华人民共和国教育法》《中华人民共和国高等教育法》规定的资格和条件，履行相关义务；（2）具有外国语言文学类学科或相关学科研究生学历；（3）具有扎实的外语基本功、教学设计与学习的理论和方法，对教育学、心理学等相关学科知识有一定了解；（4）具有扎实的外语基本功、教学设计与实施能力、课堂组织与管理能力、现代教育技术和教学手段的应用能力，以及教学反思和改革能力；（5）具有明确的学术研究方向和研究能力（教育部高等学校教学指导委员会，2018）。

此外，在新时代倡导高素质、专业化、创新型教师队伍的话语体系中，我国学者在人文主义和科学主义哲学思想相融合的基础上，提出了以"人学"——关于人的哲学，为基础的"全专业"教师属性，认为具有全专业属性的教师，即教师应"既具有现代科学主义基础的知识逻辑的科学性，又具有人文主义传统基础的人性逻辑的人文性"（朱旭东，2017c）。

综上所述，本研究认为教师素质不仅包括教师作为职业人的专业技能、专业信念，而且包括教师作为个体的道德素养、文化品格修养和人格素质等。换言之，教师既要有科学主义精神，又要有人文主义精神，教师素质体现了两种精神的结合，缺失任何一种精神都是不完整的（朱旭东，2017c）。由于汉语的表达习惯，本研究中的"素养"这一概念等同于"素质"。

3.1.3 教师专业发展

在教师教育研究领域，特别是在当下构建高素质、专业化、创新型教师队伍的话语体系中，与教师素质密切相关的另一概念是教师专业发展。在科学主义和人文主义哲学思潮从对立到融合的影响下，由于研究者的研究视角和所采用的研究方法不同，对教师专业发展的定义和内涵的阐释也有所不同。

就教师专业发展定义而言，国内外学者主要有三种代表性观点：第一种观点是把教师专业发展理解为教师个体、内在专业素养提高的过程（姜勇，2010）；第二种观点是将教师专业发展视为促进教师专业成长的途径和策略，即教师教育（徐锦芬、文灵玲，2013）；第三种观点将教师专业发展理解为教师教育的发展和教师个体由非专业人员成长为专业人员的过程，即教师专业成长的过程以及促进教师专业成长的过程（教师教育）（张莲，2013）。

同时，在阐释教师专业发展的内涵时，在科学主义哲学思潮的影响下，人们在界定教师专业发展时，主要从教师专业化视角，探究教师作为专业人士所必备的专业理念、专业道德、专业知识和专业能力。例如佩里（Perry）认为，“教师专业发展意味着教师个人在专业生活过程中的成长，包括信心的增强、技能的提高、对所任学科知识的不断更新拓宽和深化以及对自己在课堂上为何这样做的原因意识的强化”（转引自叶澜、白益民、王枬，等，2001）。其中，专业理念是指教师自己选择、认可并深信不疑的教育观念或教育理念，包括教育观、学生观、教育教学理念等；专业道德是指教师在从事教育教学过程中，通过个人和集体专业学习或参加教师专业发展活动等所形成的比较稳定的道德观念、行为规范和道德品质；专业知识是指在教育教学过程中所形成的系统的学科知识、扎实的教育学知识、广博的通识知识和文化知识；专业能力是指教师在从事专业性教育教学活动中所必备的学科能力和专业能力两部分，学科能力是教师基于学科知识的解决问题的能力，专业能力是教师教会学生如何学会学科知识的能力等。

在人文主义哲学思潮的影响下，特别是在人学、关系教育学、社会建构主义理论和学习共同体等交叉理论影响下，国内外学者认为教师专业发展不能仅局限于科学主义哲学范畴指向下的“能力为本”的模式（叶菊艳，2017），将教师发展和教师学习视为孤立学习知识和技能的过程，而应将教师学习和发展置于教师所处的社会文化环境之中，探究教师在与“他人”（学生或教师）在学习共同体内的互动交流过程中所从事的专业学习和教师专业发展活动。因此，教师发展还应包括教师学习能力和教师反思能力。

在人文主义和科学主义相融合的思想基础上，朱旭东（2014，2017c）在“全专业”教师属性基础上提出了“教会学生学习”“育人”与“服务”三个维度的教师专业发展，并进一步阐释了教师专业发展这一内涵。何谓教师专业发展？只有建立在学生发展和学习基础上的学科内容重构能力的不断提升才能称之为教师专业发展，仅仅会学科内容的重构或者仅仅了解和认识学生的发展和学习都只是“半专业”的发展，而不是“全专业”发展。甚至可以判断的是，教师专业发展不仅仅表现为学科专业水平的提升，更表现为教师的学生发展知识的水平、学习专业水平、教授专业水平的提高（朱旭东，2017c）。

综上所述，本研究认为教师专业发展具有社会情境性，扎根组织文化，教师通过个人、集体学习和自我反思实践，在学习共同体中，通过与他人的互动交流，在学生发展和教师学习的过程中，教师的学科内容重构能力不断提升，进而实现教师自我理念和知能的更新与提高。

通过梳理教师素质和教师专业发展这两个概念可以看出，两者之间有着密切关系，教师素质是教师专业发展的基础和重要内容，而教师专业发展则是提升教师素质的手段和路径。

3.2　高校优秀英语教师素质研究

3.2.1　高校优秀教师素质特点

在教师教育研究领域，对教师素质以及优秀教师素质的研究是同步且密不可分的。在探究教师素质的同时，很多学者也对优秀教师素质特点进行了研究。所以，如同对教师素质研究一样，对优秀教师素质的研究也受到从对立走向融合的科学主义和人文主义哲学思潮的影响。

20 世纪 80 年代之前，国内外研究者就开始关注已经进入教师行业的在职教师，最初的研究主要集中在优秀教师作为“职业人”所体现的外在教学行为，以此来构建优秀教师的课堂教学行为和知识体系，指导职前教师培训和在职教师专业发展。有关优秀教师的教学行为的研究结果表明，优秀教师的教学主要体现在他们较强的教学能力和课堂管理策略上，以此构建的教师知识体系中，包括教师的学科专业知识（subject content knowledge）、教育本体知识（pedagogy knowledge）和学科教学知识（subject pedagogical knowledge）（Shulman，1986）等。

受以上教师观的影响，人们普遍认为，教师唯有构建这样的知识体系，才能行使其主要的“教书育人”职责。所以，教师主要承担“媒介”作用，在特定的教育环境中，通过其掌握的教育学知识和学科教学能力，将其拥有的专业知识传授给学生，为学生“传道、授业、解惑”，师生关系也主要表现为教与学的关系。

然而，20 世纪 80 年代后有关教师素质的研究，从最初研究教师外在的教学行为转向探究教师内隐知识、信念和假想体系（Woods，1996），关注教师在社会教育变革中，如何转变原有的教学理念，或者原有的教学理念如何影响教师的教学行为。教学不再被仅仅看作传授各种知识和运用教学技能的过程，而是教师在这一过程中通过教师本人的反思实践以及个人和集体学习，积极地建构教师个体教学理论体系（Richards，2010）。教师的自我发展来自教师的内省和自我反思能力，这是教师专业发展的内驱力。优秀教师的素质不仅体现在教师完善的知识体系、道德素养，还应包涵教师合理的教学观、反思实践能力、自我学习和发展观。

受两种哲学思潮融合趋势的影响，在教学知能层面对优秀教师专业素质基本达成共识，认为优秀教师对教学充满热情和乐趣、具有坚定不移的教育信念、优异和卓越的教学能力、知道自己教什么和怎样教；具有良好的交往能力，激励学生参与课堂活动，师生共创教学的时空；精于与学生互动交流，有能力创造和谐、活跃的课堂气氛；具备高度自我调节和完善能力以及教学反思实践能力等（于忠海，2014；孙晨红等，2016）。可见，这些研究重点关注的是优秀教师群体所具备的完善的教学知识、优异的教学能力和完美的教学策略等。此外，也充分肯定优秀教师作为“全人”的个性特点，包括对教育功能和作用的深刻认识而产生的光荣感和使命感，对教师职业道德规范的认同而产生的责任感和义务感，以及教师成功从事教学工作应具备的人格特征、适合教学工作的个性倾向等。具体而言，这些优秀教师的专业性包括：有见识、有献身精神、有敏锐的洞察力和分析能力、有独立性、耿直、坦率、不拘小节、诙谐、幽默等（吴艳、陈永明，2017），同时具有强烈的教师身份认同感。

在以上已有优秀教师素质特点的研究中，国内外学者大多关注的是非高校教师群体的专业素质和个性特点。然而，高校教师群体不同于小学、初中、高中和职业院校的教师群体，这些非高校教师群体的主要任务为教学；此外，高校教师群体又不同于科研机构的研究人员，这些非高校研究人员的主要任务是从事科学研究。与这两类群体不同的高校教师具有双重责任，一方面担负着“高等教育”——培育理性学人和“完人”的任务，另一方面又肩负着科研、服务教学、服务社会的责任。所以，我国当前高等教育改革背景下的高校优秀教师，首先要搞好个人教学，担负起培育“完人”的责任，还应有强烈的科研意识，在教学中发现问题，用严谨、科学的态度从事科学研究，更好地服务教学和社会。可见，处理好科研和教学的平衡是优秀教师作为“职业人”应具备的专业素养之一。

“大学是一个由学者与学生组成的、致力于寻求真理之事业的共同体”（雅斯贝尔斯，2007）。在这一共同体中，高校教师不应仅是一名在课堂传授给学生知识的职业人，也不应是在大学校园里与学生擦肩而过的老师，真正的高校教师应是一群鲜活个体，是有独立人格和自由学术精神的年轻人的“长者”“伙伴”和“同行者”。所以，真正的大学是年轻人与有学问的“长者”之间的亲密接触。大学文化当然离不开物质形态的完善，但最重要的是物质形态的大学空间里充满着活生生的人的活动，充满着师生富于文化意味的生动交流（刘铁芳，2014）。

而在这“年轻人与有学问的‘长者’”组成的特殊“共同体”中，教师若想培养学生成为有着独立、自由、严谨的学术精神的“完人”，作为“社会个体”，教师理应要有“长者”吸引年轻人的优秀品格，通过与年轻学生的交往与互动交流，彼此“心智的互相磨砺，才足以让大学空间弥散追求知识与真理的意韵，大学才能避免成为知识交易的市场（刘铁芳，2014），从而使大学真正成为“教授治校、教学自由、学生自治”的“社会共同体”。可见，在这一共同体中，高校优秀教师需处理好作为“职业人”和“社会个体”的关系，以实现两者相互依存、和谐共生。

所以，高校优秀教师不仅仅是“职业人”层面的“教书匠”，而且是一个个鲜活的社会个体，有着自己独特的个性特点和生活体验。教师专业发展不应仅是教学知能的发展，更应是“社会个体”的自我发展。换言之，教师专业发展的实质乃是“人”的发展，这是教师发展的内驱力，只有有着如此内驱力的自我发展才会促使教师以一个“全人”的状态存在，自觉、自愿追寻专业知识以外的精神和情感层面的成长。正是因为这种内驱力，会促进教师自主追求个人和集体职业学习，主动进行自我反思。从这个意义上讲，优秀教师群体既是一个实体存在，也是一个专业发展和个人成长的过程。

3.2.2 英语教师素质特点

二语或外语教师教育研究领域的教师素质和教师专业发展研究，同样也受到了科学主义和人文主义两种哲学范畴从对立到融合的影响。

首先，受科学主义哲学范畴指向下的教师素质研究的影响，外语教师发展促进者认为，一名外语教师的专业发展主要基于教师作为“职业人”的知识体系的合理构建。换言之，作为一名优秀二语或外语教师，他不仅需要了解外语学科知识，还应了解教育学本体知识和外语教学知识，如应用语言学理论知识、外语教学规律等（束定芳，2004）。

受行为主义理论体系的影响，教师发展促进者主要采用“师徒培训方式”（如微格教学），把所观察到的优秀教师课堂教学行为所蕴含的知识体系分割开来，对职前和在职教师进行培训，从而促进教师（包括外语教师）的专业发展（韩刚、李青，1997）。所以，这里所讲的教师发展观，主要将教师视为被动的知识接受者，忽略了教师的主动创造性。

受一般教师教育领域对教师内隐知识体系研究的影响，对优秀二语或外语教师素质特点的研究发现，优秀二语或外语教师的知识体系，不仅包含外语语言知识、相关学科知识、教育学知识和外语教学知识与技能，还应包含合适的语言观、教学观、发展观和反思实践能力等。基于教师视角，我国高校优秀外语教师素质特点主要体现在以下四个层面：外语学科教学能力、外语教师职业观和职业道德、外语教学观、外语教师学习与发展观（吴一安，2005、2018）。可见，我国优秀外语教师素质也主要体现在教师作为职业人应具备的内隐的道德、知识、信念体系（外语职业观和职业道德、外语教学观、外语教师学习与发展观）和外在教学能力（外语学科教学能力）。

受科学主义和人文主义哲学思潮的影响，特别是受关系教育学和其他现代教育理论的影响，本研究在关注教师作为掌握专门教学知识和技能的"职业人"时，更多关注了教师作为"社会个体"的存在，关注教师的生活环境、生活经历与他们知识建构的关系，关注教师如何看待自己，关注教师如何从一个社会个体成为一个专业学习共同体中的教师（Shulman，1986；王守仁，2017）。外语教师的专业成长应围绕人的整体发展，而不应仅仅是知识的积累。换言之，外语教师只有获得了自我发展，才能有更大的驱动力去追寻知识的意义和生活的意义。因此，探究优秀外语教师素质以及外语专业发展必须从个人、文化和社会环境的互动中来展开。

因此，教师在其专业发展过程中，不应仅局限于教学知识体系的构建、教学技能的获得，还应注重自我教学理念和自我教学观的重塑。与之相呼应，教师专业发展应改变传统的教师培训模式，代之以有效促进教师发展的"教师发展"模式。这种模式视教师为教学知识和教学能力的主动建构者，在帮助教师构建合理知识体系和外在教学行为时，探究教师内隐的个体知识、信念、假想等支撑体系。同时，为教师提供平等、和谐、共享的合作学习团体，促使教师在教师合作团体内分享与交流思想（展素贤，2015；王守仁，2017）。

3.2.3 国内外高校优秀英语教师素质研究趋势

在我国，对高校外语教师素质的研究始于20世纪末，二十余年来研究者做了大量探索性研究。特别是2005年之后，相关研究取得了阶段性成果。在研究内容方面，研究者既讨论了外语教育改革对外语教师素质提出的要求（赵丽娟，1999），又调查了我国自21世纪以来的外语教师素质现状（戴曼纯、张希春，2004；彭伟强等，2008），从教师角度阐释了高校优秀外语教师素质的内涵、《国标》视野下外语类专业教师教学能力框架、对构成外语教师素质内隐的信念体系或外显的课堂教学行为等进行了较为深入的研究（吴一安，2005；张莲，2005；顾佩娅，2008；史耕山、周燕，2009；孙有中、张虹、张莲，2018）。在研究方法方面，探讨外语教师素质的实证性研究不断增加，经验、反思型的思辨性研究呈下降趋势。在研究对象方面，研究者多以高校外语教师（特别是高校英语教师或优秀英语教师）为研究主体。其中，吴一安（2005）基于对30所高校优秀英语教师进行的问卷调查和访谈，从教师视角阐释了优秀英语教师素质的内涵，认为高校英语教师素质是由外语学科教学能力、外语教师职业观和职业道德、外语教学观、外语教师学习与发展观四个维度构成的。她的研究可谓已有相关研究的代表，并对后来的研究产生了较大影响。但是，在现有研究中，从学生视角，通过定量、定性相结合的方式来探讨高校优秀外语教师素质的研究较少（展素贤、闫丽华，2015），特别是探究新时代学生视角下的高校优秀英语教师素质体系的研究比较匮乏。

在西方学界，学者对二语教师素质的研究始于20世纪末。由于受一般教育领域中有关教师个人反思（Schön，1983）、合格教师应具备的知识体系（Shulman，1986）以及教师认知体系等的影响，西方学者在研究内容方面，从关注优秀外语教师的课堂教学行为转向探究构建外语教师素质的内隐信仰、假想和知识体系（belief，assumption and knowledge）（Woods，1996），发现这一内隐的理论体系支配着教师的课堂决策和教学行为，呼吁教师教育研究者应采用合适的研究手段来探究教师内隐知识理论体系。同时，他们认为，以访谈和观察为主的定性研究能更好地帮助研究者揭示教师教学行为背后的认知世界。借助这些研究方法，构建了教师视角下较为完善的优秀外语教师素质体系，即一名优秀的外语教师应有扎实的外语基本功、完善的知识理论体系（包括一般教育学知识、外语学科专业知识和外语教学相关知识）、较强的外语教学能力和与人沟通的社交、情感策略（Richards & Farrell，2005）。尽管如此，这一体系能否解释我国高校优秀外语教师素质内涵，还有待进一步考证。

综观国内外外语教师素质研究现状，本研究认为，有必要从学生视角，采用定性和定量相结合的混合研究范式，探究我国高校优秀英语教师素质特点，以构建新时代高校优秀英语教师素质体系，促进高校英语教师专业发展。

3.3 国内外高校英语教师专业发展研究

3.3.1 国外二语或外语教师专业发展研究

领域与视角广。二语或外语教师专业发展研究，属应用语言学的二语教师教育，始于 20 世纪 80 年代中期，兴于 90 年代，研究领域广，采用定量、定性研究，尤以叙事研究、个案研究、教师行动研究为手段，主要讨论二语教师专业属性及专业发展（Tsui，2007；Johnson & Golombek，2011；Darling-Hammond，2017）。

理论视角近30种，运用如教师反思理论、社会认知理论、社会建构主义、社会生态学、社会文化理论、情景学习理论、教师发展阶段理论等分析二语教师发展阶段和影响因素，探寻有效的教师发展模式（Williams & Burden，2000；Wenger，2000；Van Lier，2004；Johnson & Golombek，2016）。

教师发展模式研究。早期受行为主义影响，探讨二语教师外显的专业技能及相应教师培训模式，后转向重文化机制的人本因素，分析二语教师内隐知识、信念、认知及对教学、教师发展和教育变革的影响，重视教师与社会的互动关系，讨论二语教师身份建构、专业学习能力、专业发展能力及形成的社会过程，并探究有针对性的教师发展模式（Woods，1996；Ajayi，2011；Johnson & Golombek，2016）。

目前的多种教师发展模式取代了早期教师培训模式，注重教师反思、社会情景学习（Wenger，2000）、创设集体文化，建立诸如教师反思模式、互助合作小组、各类教师学习共同体等，实践性强（Darling-Hammond，2017）。

3.3.2 国内二语或外语教师专业发展研究

起步晚、视角多。我国外语教师专业发展研究，受国外二语教师教育研究的影响，始于20世纪末，兴于2005年后。以“教师专业发展”和“外语”为关键词，在CNKI上搜集相关核心期刊论文100余篇，常与“教师发展”通用。

理论视角近20种，多从社会建构主义、教师学习理论、教师发展阶段理论、社会认知主义、社会互动理论、情境学习理论、社会文化视角等分析高校外语教师发展内涵、发展阶段，探究影响因素、教师发展模式，构筑本土化理论框架（顾佩娅，2008；王俊菊，2012；郭遂红，2014；徐锦芬，2018；文秋芳，2017）。

教师专业发展内涵与影响因素研究并重。教师发展内涵研究丰富，早期多以问卷、访谈等方法调研高校外语教师发展现状（夏纪梅，2002）、优秀教师素质（吴一安，2008）、职业发展模式（周燕，2008）等。近年来，趋向叙事研究、个案研究，聚焦探查高校外语教师成长环境（李晓博，2009；许悦婷，2011；顾佩娅，2013；顾佩娅、古海波，2015；徐锦芬等，2014），基于教学情境的反思实践、教学能力、教师学习、教师成长的社会互动过程等（王俊菊，2012；徐锦芬等，2014；文秋芳等，2011）。教师专业发展内涵研究更加细化与深入。

在进行内涵研究的同时，发现教师发展受内、外因素影响，有自主性、社会情景性、动态性的特点。教师发展体现了教师的自在、自为、自觉，教师以自主意识为动力，基于知识建构和实践反思，不断学习、成长。教师发展扎根社会组织文化，组织文化“助力”或“阻碍”教师发展（张莲，2013）。教师通过参加各种教师发展活动，在互动交流与合作中增强专业信念，学科知识能力在“博”与“专”层面提升，教学科研水平得到提高。

教师发展模式趋向教师专业学习共同体：基于以上研究结果，学界探究了诸多有效的教师发展模式。例如，在教学环境中构建教师实践群体（吴一安，2008）、教师互动发展模式（文秋芳等，2011）、教师专业学习共同体（郭燕、徐锦芬，2016）和反思性途径（任庆梅，2006）等，专业学习共同体作为教师发展机制，营造了群体文化，促使教师个人、集体学习和反思实践，教师在分享与交流中不断提升专业知识。

因此，在构筑本土化大学外语教师专业学习共同体理论框架（文秋芳，2017）的同时，中共中央、国务院颁布的《关于全面深化新时代教师队伍建设改革的意见》亦倡导各地区、各高校应“立足我国国情，借鉴国际经验”“加强院系教研室等学习共同体建设”，助力教师专业发展。

探究当下高等教育改革背景下的高校优秀英语教师素质特点，以构建高校优秀英语教师素质体系，促进高校英语教师专业发展，需要一定的理论支撑，这是因为任何研究均离不开理论的指导和支持，第四章将讨论本研究的理论视角。

4. 交叉理论视角

有关教师素质的理论探讨，受到科学主义和人文主义两种哲学思潮从对立到融合的影响。本章首先探讨理论与实践的关系，然后梳理两种哲学思潮影响下的有关教师素质理论，并在此基础上提出本研究的交叉理论视角。

4.1 理论与实践的关系

理论与实践的关系大体可梳理为三种：第一种关系体现在理论来自科研实践。从科研实践中采集数据，通过科学、系统的数据分析，从丰富的研究数据中（thick data）凝练理论，形成“扎根理论”（grounded theory）。这种理论价值体现在研究者通过合适的研究方法或研究途径，逼近或揭示现实“真相”，丰富研究者对“未知”世界的认知。第二种关系指的是理论有待实践的检验和丰富。换言之，科研实践所得某一理论正确与否或是否具有可行性，有待实践的进一步检验，有待来自不同研究语境中的研究者，针对不同研究对象进一步验证这一理论的正确性和可行性，以验证、丰富和发展这一理论。研究者这样做的目的在于无论所采用的研究方法如何无可挑剔，研究结论的正确性和可行性如何高，毕竟“它们（理论）不是事实：而是研究者受一定价值、观念的影响所做的判断”（They are not facts：they are value judgments）（Widdowson，2009）。从这个角度来看，每一个理论仅是使研究者逐渐接近事实的“真相”，但需要更多科研实践去检验。第三种关系可理解为“没有一种理论远离现实实践，而是用来理解现实实践”（Theory is not remote from practical experience but a way of making sense of it）（Widdowson，2009）。换言之，某种理论或某些交叉理论为研究者从事科研实践或解释科研中所发现的事实“真相”提供了一种视角或视域。

在详细探讨本研究所采用的理论视角之前，首先介绍两种哲学思潮影响下的教师素质研究的主要理论。

4.2 两种哲学思潮影响下的教师素质研究的主要理论

在科学主义和人文主义两种哲学思潮尚未走向融合而处于对立的过程中，教师教育研究呈现如下理论探讨和实践尝试。

从 19 世纪末 20 世纪初西方科学主义哲学诞生之日起，受自然科学实证主义理论的影响，人们在教师教育领域探究优秀教师素质特点时，重视“实验性经验”在教师教育中所起的重要作用（朱旭东，2017b），通过分解的一系列外显的、具体的、可操作的行为指标来考量教师素质的高低和教师优秀与否，并将这些指标体系用来培训职前和在职教师，希冀他们将这些指标体系应用到各自教学实践中。可见，科学主义视域下的教师素质和教师发展观重视应用科学，强调自然科学中实验性经验的研究方法，关注教师作为专业技术拥有者和实践者的专业素质层面。

然而，在人文主义哲学视域下，研究者进一步反思科学主义视域下把教师作为专业技术操作手的教师素质观，以及用一套可量化的外显教学技能指向教师发展的教师发展观，受叙事主义理论的影响，研究者承认基于教师个体经验和生活经历建构的教师个体实践知识和教师群体共识知识。同时，受反思主义理论的影响，强调教师个人实践反思的合理性，承认教师具有反思实践能力（朱旭东，2017b）。所以，对优秀教师素质的探究，人文主义视域下的教师教育研究者不能仅关注教师“外显”的教学技能，而应将教师作为完整的“人”来看待，强调发展教师信念系统，明晰教师身份认同。“强调培养教师运用专业知识和能力促进美、好、正的社会重构趋向的人文主义教师教育……注重教师知识的经验基础、教师信念、态度与主观情感体验，以及这些因素在教学中所起的重要作用”（朱旭东，2017b）。可见，在人文主义视域下的教师素质和教师发展观重视教师实践以及教师反思，强调教师作为“人”的个体实践知识和情感体验在与学生互动交流中所发挥的重要教育功能，关注教师作为“人”的个体实践知识和情感体验的合理性与科学性。

随着这两种哲学思潮从对立走向融合，在教师教育领域也出现了两个重要趋向：一是在现象学理论指导下，强调研究者须走进教师生活的世界（lived world），以此为起点探究教师的生活经历和生活体验，以解决教师素质提升和教师专业发展问题。二是采用这两种哲学思潮融合后的重要教师教育理论产物，探究教师专业知识和教师专业发展问题（朱旭东，2017b）。首先，后期专业主义教师教育理论，主张教师反思行动取向的教师专业成长观，研究者不应也不能仅关注教师是否掌握了学科专业知识和教育学一般理论知识，而应承认教师在教学情境中通过与学生互动交流所理解的理论性知识，以及建构的教师个体实践知识的合理性和科学性。因此，在后期专业主义教育理论指向下，优秀教师不仅掌握学科知识和一般教学理论，而且拥有丰富的个人实践知识。其次，建构主义教师教育理论强调教师发展促进者，应努力促进教师在一定社会情境中个人与集体的学习，引导教师在真实情境和具体行动中建构知识的意义。同时，教师也要在真实的教学情境中，帮助学生将新知识与他们的生活经验和体验结合起来，去建构新知识。所以，在这一理论指向下，教师不再是工具性的知识传授者，而是帮助学生建构新知识的促进者和学生发展的促进者。因此，优秀教师应是反思性实践者，而不应仅是实证主义理论指向下的“教学技术员”。

在科学主义和人文主义哲学思潮相融合的趋势下，对优秀教师的研究，需视教师为一个完整的“人”，既关注高校优秀英语教师是一个优秀的“职业人”，又需将教师视为一个鲜活的“社会个体”。此外，科学主义和人文主义哲学思潮的融合趋势导致了一系列教育理论和教师教育理论的产生，这就要求研究者在探究教师素质和教师发展问题时，需采用交叉教育理论和教师教育理论。唯此，才能在合适的交叉理论视角下，比较客观地去探究在高校优秀英语教师素质的科研实践中所发现的事实“真相”，全面地探究高校优秀英语教师作为“全人”的教师素质特点，为高校其他学科教师的反思实践提供借鉴并引导教师专业发展。

4.3 本研究的交叉理论分析框架

如前所述，二语或外语教师教育领域属跨学科研究领域，在阐释学生视角下高校优秀英语教师素质特点时，研究理论视角不能脱离教育学、教师教育和应用语言学领域的最新研究成果，否则将不能很好地阐释科研实践中所发现的“事实”。据此，研究者认为两种主要哲学思潮融合趋势下的交叉理论，能更好地帮助研究者从学生视角挖掘与阐释外语教师教育领域的事实“真相”——高校优秀英语教师的素质特点，以科学建构学生视角下的高校优秀英语教师素质体系。

为了更好地建构学生话语体系中的高校优秀英语教师素质体系，在这两种哲学思潮融合趋势下的高等教育领域中，专业学习共同体（professional learning community）（DuFour，2004）理论最符合本研究，这不仅是因为专业学习共同体理论体现了高等教育的本质——人与人之间在各类不同学习共同体内的沟通交流活动，而且专业学习共同体背后的交叉理论支撑体系，对我国当前高等教育领域所发生的“事件”具有较强的解释力，能从当代大学生视角去理解和阐释他们眼中高校优秀英语教师的素质特点。

4.3.1 专业学习共同体的概念界定

从字面看“学习共同体”，是“学习”和“共同体”的两两结合。尽管我国学者认为（伏荣超，2010）学习共同体成员由学习者和助学者（例如教师、专家、辅导者、家长等）组成，但广义而言，学习共同体还包括由学习者之间组成的共同体以及由教师之间组成的专业学习共同体（DuFour，2004）。不管哪类学习共同体，共同体各成员以实现共同教育愿景为目标，以完成共同学习任务为载体，以促进成员间个人、集体学习和专业成长为目的。此外，学习共同体强调团体的社会功能：通过共同体成员的相互学习、沟通交流，在互动交流中分享学习体验，以促进各自学习成长和专业发展。

在教育领域，对学习共同体理论的认识可追溯到美国教育家杜威（Dewey）提出的“教育即社会”“教育的功能在于改革社会”等进步主义教育思想，强调学校要构建一个由拥有不同经验的个体成员所组成的学习共同体，在平等、自由的人际互动交往中，成员间通过分享个人经验和观点，拓展个人对社会和学习的理解，实现个体经验的生成和对社会的改造。

学习共同体不仅是班级授课制的基层教育组织或者教师间的非正式协会组织，更是“与社会文化相贯通的以学生亚文化为特征的现代社会群体，以教育教学活动方式为主要特征的共同活动的主体，以直接交往为特征的人际关系系统”（伏荣超，2010）。如此，专业学习共同体，不仅包括课堂教学、学校环境，也包括在社会环境中，学生之间、教师和学生之间以及教师之间“所进行的文化交流、融合与撞击的组织形式，是文化与人互动影响的载体”（伏荣超，2010）。

可见，学习共同体有着丰富的内涵，不仅融合了共同体成员“自觉”的专业学习，还融合了共同体成员作为人的“自由”情感和道德的交往，体现了两种哲学思潮融合趋势下对“人”的全面探究。此外，学习共同体具有很强的理论包容性，吸收了关系教育学、人格发展理论、组织学习理论、社会建构论、社会互动论以及生态学理论等基本理论内核，不仅对理解我国当前高等教育的理念带来重要启示，而且对探究高校优秀英语教师素质特点和高校英语教师专业发展带来全新的交叉理论视角。

4.3.2 交叉理论的支撑体系

关系教育学。科学主义哲学视域下的高等教育注重对学生未来专业化和职业化的培养，导致在传统教育课堂内外，师生间的交往侧重知识的传递和接受，而对师生间的情感互动与交流缺乏足够的重视。

有鉴于此，关系教育学倡导者霍克斯（Hooks，1994）认为，这种单纯理性的知识传递与交流过程不能帮助教育者实现教育功能。所以，须建立一种“激进”的教育学，教育过程不应是知识、技能的传递与接受的过程，而是师生间真诚情感的互动交流活动。教育者应对学生施以更多关心、爱护和人性关怀，将关怀学生转化到教育实践的全过程。教师对情感和人际关系的关注应多于理性知识的传递。此外，知识的传递与接收，应建立在师生双方互动、沟通和协商的基础之上，进而达成共识。

人格发展理论。人格发展理论认为，“个体的发展是个体与环境交互作用的结果，人格是个体与个体之间、个体与群体之间以及与外界的社会环境的交互作用中发展形成的，而非单纯受制于生物性的本能”（伏荣超，2010）。

在各种学习共同体中，例如在学习者和教师组成的课堂环境、学校环境中，若教师意识到培养“完人”的现代教育功能，并能恰当地把握自己对待学习者的态度和行为，给予学习者更多鼓励和自主创造性的培养，就有利于形成师生之间良好的人际关系，培养学生关爱、友好、合作和自信等良好品格。同样，教师在良好的师生人际关系中，也应学会友爱与合作，形成学习共同体内良好的社会人际关系，促进学生心智发展，提高高等教育水平。

社会建构主义理论。社会建构主义理论认为，在学习过程中，教师、学习者、任务和环境四大因素处于相互作用、相互影响的动态统一体中（Williams & Burden，2000）（参见图 4.1）。

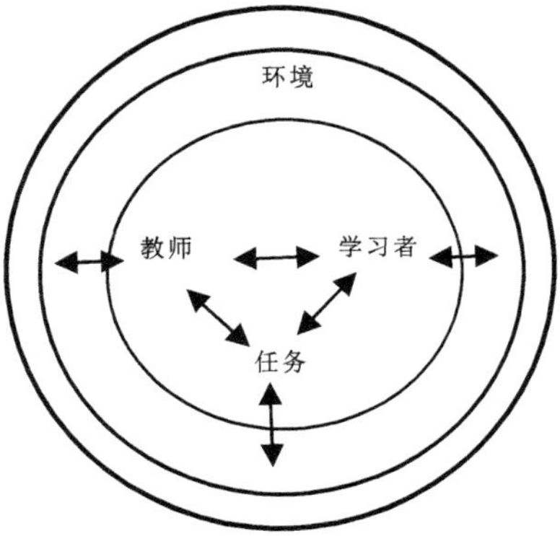

图 4.1　社会建构主义理论四大因素动态统一体

如图 4.1 所示，该理论既强调学习者的中心地位，强调学生是信息加工的主体，是主动的建构者，又重视教师作为中介的重要性，把教学视为人际互动的过程，同时又注重教育环境与教师、学生之间的互动关系。因此，社会建构主义理论的核心教育理念是以学习者为中心，其教育功能是最大限度地促进学习者与情境的交互作用，通过教师的中介作用，帮助学生积极、主动地建构知识，去完成任务。

所谓“自主建构”是指受教育者的精神世界是自主地、能动地生成并建构的，而不是外部力量模塑而成的。所以，“教育要强调关注学生的生活世界并切入学生的经验系统；在教育内容和方法上是基于学生智慧发展水平的；教育要着眼于学生成长的内在动机的唤醒，使学习活动是自觉自愿的；教育要将学生带入精神充实、富于理智挑战的境界”（肖川，2016）。

组织学习理论。组织学习理论认为，社会个体间有必要建立起各种学习组织，该理论奠基者森格（Senge，2006）解释说，组织学习团体（如学习共同体）是“人们不断扩展自己能力来创造机会将他们的希望变成现实的地方，既是他们全新的、广阔的思维方式得以实现的地方，也是集体愿景得以发挥的地方，同时还是他们不断学会如何集体学习的地方”。他还进一步论述，在这样的学习组织中，人们由于有着共同的愿景、追求共同的学习任务而聚到一处，由于参与到集体的反思实践活动中，个人的信仰和价值观受到影响，个人愿景得到巩固，个人在组织中获得了学业成长和专业发展。学习共同体体现了组织学习理论的基本内核。

社会互动学习理论。在社会互动学习理论中，该理论的倡导者温格（Wenger，2000）阐释道，由于每个人是社会群体中的一员，在各种各样的社会群体中，个人学习构成生活中不可分割的一部分。一方面，个人通过参与多种多样的群体实践，既参与了团体学习，又为团体学习做出了贡献；另一方面，个人在群体实践中通过与他人互动交流，使得分享思想与实践经验、完善个人知识、发展个人能力变为可能。

学习共同体吸收了社会互动学习理论的内核，作为社会群体的重要组成，强调团体成员内的集体学习和思想、情感、实践经验的分享与交流。

教育生态学理论。教育生态学来源于生态学，它视课堂教学环境为一个有机的生态环境，课堂内各教学因素构成一个系统的生态网络，而课堂环境又和学校环境、社会文化环境形成一个不可分割的生态系统，强调教育的系统论和整体论（邓小泉、杜成宪，2009）。

研究者在研究教育问题或教育现象时，不仅要研究教育本身的内在系统，综合分析影响教育现象或问题的各个组成部分，以及它们之间的相互关系和相互作用，而且还要研究教育与周围生态环境之间的相互作用，通过研究各种教育现象及成因，把握问题中的因果关系结构，理解所研究的教育现象或者教育问题在整个教育生态系统中的动态关系和作用。广义的学习共同体正是教育生态学理论的具体体现。

本章首先探讨了理论与实践关系，然后梳理了在科学主义和人文主义从对立到融合的发展历程中，所产生的有代表性的教师素质理论，最后提出了专业学习共同体理论以及背后的交叉理论支撑体系。这一交叉理论视角的选择不仅是两大哲学思潮融合趋势下的必然选择，也是研究使然，而从学生视角探究高校优秀英语教师的素质特点更是外语教师教育研究领域，特别是应用语言学研究的导向和必然趋势，也应是教师素质研究的必然归宿。

5. 研究设计与研究过程

为更好地了解学生视域下的高校优秀英语教师素质特点，以建构学生话语体系中的高校优秀英语教师素质体系，在我国高等教育改革背景下，本研究主要采用了混合研究范式。第一阶段采用了定性研究，对来自天津地区不同高校的大学生进行了访谈，并做了相应的定性数据分析；第二阶段采用了定量研究为主并辅以定性研究，通过调查方式，发放了设计量表和叙事框架问卷，对所采集的定量数据和定性数据分别进行了相应的分析。本章将对混合研究范式的选择理据、研究设计过程、数据采集和分析过程进行详细的描述和说明。

5.1 混合研究范式的选择

在第一章已简略阐述了本研究的研究目的和研究方法。本研究是在我国新时代高等外语教育改革背景下，通过实证研究手段探究学生视角下的高校优秀英语教师素质特点，以构筑学生话语体系中的高校优秀英语教师素质体系。为实现此研究目的，本研究拟解决的核心问题是：基于学生视角的高校优秀英语教师具备怎样的素质特点？

为了科学系统地回答这一研究问题，本研究采用了混合研究范式。之所以选择混合研究范式，主要基于以下两方面的考虑：

一是混合研究范式的选择是定量和定性研究逐渐从对立走

向融合的结果（Tashakkori & Teddlie，1998）。自 20 世纪 80 年代起，定量和定性研究相混合的研究范式被普遍使用和接受，用以回答应用语言学、教育学以及社会科学领域的研究问题。在采用混合研究方法方面，尽管研究者对范式基础、混合研究的构成以及所使用的研究方法顺序等存有争议，但研究者基本达成共识：混合研究范式的使用可以在数据采集或数据分析层面进行混合；与使用的研究方法或哲学范式相比，研究问题更重要，研究问题决定混合研究范式的选择。此外，混合研究方法一般用来回答"什么""怎样"或"为什么"等类的研究问题。

二是本研究的问题决定了混合研究方法的选择，混合研究方法最合适科学地回答本研究的问题。本书第三章，在梳理我国外语教师教育领域已有高校优秀外语教师素质的研究中，谈到我国教师教育研究者多从研究者和教师发展促进者的视角探究高校优秀外语教师素质的特点，而从学生视角探究高校优秀外语教师素质特点的研究较少。所以，无论定性研究还是定量研究都不能有效、科学回答本研究的问题，唯有定量和定性相结合的混合研究范式，才能相互印证，比较全面、科学地回答这一研究问题。

在设计混合研究范式时，研究者在数据采集过程中，需考虑定量和定性研究的比重（张培，2010），是侧重定量研究？还是侧重定性研究？还是定量和定性研究比重相同？此外，还需考虑定性研究和定量研究的先后顺序？如定性研究在前？还是定量研究在前？还是定性和定量同时进行？而对这两大类问题的考虑，应由研究问题和已有的文献研究结果综合考虑来决定。此外，在数据分析时，可同时采取定量数据统计和定性数据分析相混合的方法进行分析。

本研究所采用的混合研究范式，在研究设计、数据采集和数据分析阶段均进行了混合。总体而言，在第一阶段的实证探索阶段采用了定性研究，通过访谈方式采集了定性研究数据，并进行相对应的定性数据分析的类属分析；在第二阶段的实证验证阶段，采用了定量研究为主并辅以定性研究，通过调查的方式，分别采集了定量数据和定性数据，并对两种数据进行了定量数据统计和定性数据分析相混合的分析方法。表 5.1 展示了本研究的混合研究范式的选择及研究过程。

表 5.1 混合研究范式的选择及研究过程

	研究的第一阶段	研究的第二阶段
研究方法	定性研究	以定量研究为主并辅以定性研究
研究问题	基于学生视角的高校优秀英语教师具备怎样的素质特点	1.学生视角下高校优秀英语教师素质特点是否与第一阶段定性研究所得结论一致 2.学生视角下高校优秀英语教师是否在教学目标、教学内容和教学模式等三个维度具有较强的教学能力
数据采集	半开放式访谈	量表与叙事框架问卷相结合的调查方式
数据分析	定性分析的类属分析	定量数据统计与定性数据分析相结合

5.2 定性研究的半开放式访谈

为构建学生视角下的高校优秀英语教师素质体系，回答本研究的核心问题，在第一阶段的实证探究阶段，采用了定性研究（参见表 5.1），以更好地帮助研究者在自然情境中，从学生“生活的世界”（lived world）出发，从学生经历和视角出发，去体验、阐释和建构“生活的意义”，从而理解和解释潜在的与隐性的现实问题（Creswell，2003）。

5.2.1 半开放式访谈

在第一阶段的定性研究中，采用了半开放式访谈，这是由于半开放式访谈能很好地帮助研究者“走进”受访者的内心世界。通过语言和情感交流，来倾听学生对自己生活世界的看法，更好地从他们的视角来阐释他们所经历的“生活的意义”。所以，受访者对定性研究者而言是建构“生活的意义”的信息提供者。

半开放式访谈主要围绕以下三个问题展开（参见附件 1）：

1. 在您眼中，高校优秀英语教师的素质有哪些特点？

2. 请列举您眼中一位或两位高校优秀英语教师，进一步阐释您对高校优秀英语教师素质特点的看法。

3. 您眼中好的大学英语教学具有什么样的特点？

在大规模正式访谈前，研究者曾用这些问题对一所高校的 9 名学生进行了预访谈和问卷调查（闫丽华等，2012；展素贤、李肖，2013），参照预防谈的结果，研究者在使受访者回答问题时更有针对性。

5.2.2 信息提供者

采用“最大差异抽样”选择受访对象（陈向明，2000）。在选择受访大学生时，充分考虑了他们所在的学校层次、所学专业、所在年级以及性别差异等因素，天津地区共有 15 所高校的 60 名学生自愿参加了半开放式访谈[①]。

这 60 名受访学生（参见附件 2），既有来自 211、985 的大学，

---

① 出于对受访者个人隐私的保护，本书不便说出受访者姓名，在此对参加本研究的 60 名受访者一并表示感谢，也特别感谢帮助本书作者完成访谈的合作者闫丽华、朱璐慧、李肖等。

又有一般市属高校和三本院校；既有综合性高校，又有理工类、财经类高校和外国语、音乐、美术等高校。其中，19名学生来自英语专业，41名学生来自非英语专业；26名大一、大二学生；34名大三、大四学生；30名男生、30名女生。

5.2.3 数据采集与分析

通过对60名信息提供者的半开放式访谈，本研究采集了学生视角下的高校优秀英语教师素质的数据资料，并从大量的数据中凝练理论，即“扎根理论”（grounded theory）。

访谈开始前，首先通过电话和受访学生取得联系，说明此次访谈的目的、意义并协商具体的访谈时间和地点，以确保受访大学生在合适时间和安静环境下更好地表达自己的心声。访谈时，为使学生能清晰、自由、全面地表达自己的观点，均用母语进行采访并对每位受访学生进行了全程录音。每次访谈持续40—60分钟不等，历时3个半月完成了15所高校60名大学生的半开放式访谈。访谈结束后，即刻对访谈录音逐字进行了整理，文本约38.5万字（参见附件3）。

为避免定性数据分析过程中可能出现的主观性，确保研究结果的客观性，本研究采用类属分析方法，分别对每一位受访者的整理文本进行编码、归类以及核心主题的抽取与记录（参见附件4）；然后，对60名受访者的核心主题逐一进行对比、同源归类并找出一致性；最后，本研究整理出对每一位受访者的数据分析记录及60名受访者的共同核心主题，再进行比对、归纳，相关一致性达到92%。从丰富的访谈数据中，提炼出学生视角下高校优秀英语教师素质特点和高校优秀英语教师教学能力特点两个重要研究结论：在学生眼中，高校优秀英语教师素质是由崇高的师德素质、深厚的专业素养和鲜活的个人魅力构成；高校优秀英语教师具有很强的英语教学能力，具体体现在教学目标的确立、教学内容的选择以及教学模式的应用上。与教师视角下高校优秀外语教师素质体系和教学能力相比（吴一安，2005），既互相印证，又有诸多不同（详见第 6 章）。

5.3　定量研究为主并辅以定性研究的调查

为使本研究构建的学生视角下的高校优秀外语教师素质体系更具有理论意义，在研究的第二阶段，即实证验证阶段采用了定量研究为主、定性研究为辅的研究方法，进行了大规模调查量表和叙事框架问卷调查，并进行了相对应的定量数据统计和定性数据分析，旨在印证并进一步丰富第一阶段定性研究得出的两个重要发现（参见表 5.1）。

5.3.1　调查工具

在第二阶段的实证探究阶段，为尽可能多地采集样本，以使研究结论更加客观，本研究主要采用了定量研究经常使用的调查量表以及定性研究中的叙事框架问卷（顾佩娅，2013）两种调查工具。

调查量表的设计。本研究的调查量表采用了自己设计的开放和封闭题型相结合的混合量表，共六部分（参见附件 5）。第一部分为封闭题，要求学生选择在大学中所遇到的优秀英语教师人数（即从没有到 3 位以上）。第二部分为开放题，考察学生眼中高校优秀英语教师素质特点。第三和第四部分为封闭题，其中第三部分调查了第一阶段的定性研究结论，共 24 个选项；第四部分调查了学生视角下高校优秀英语教师的教学能力与特点，共 11 个选项。这两部分调查维度的提取和小项的编制均基于试调查所得结论（展素贤、李肖，2013）以及第一阶段的研究结论，要求学生在李克特（Likert）五级量表中做出选择 （1=很不同意，2=不同意，3=不知道，4=同意，5=非常同意）。第五和第六部分为开放题，分别调查学生对教师专业发展的诉求以及不喜欢的英语教师的特点。

调查量表编制结束后，本研究邀请应用语言学研究领域专家和部分相关文献研究者对量表进行了内容效度测试。经过几次试测，修改了容易引起误解的问题，剔除了一些重复问题选项。

叙事框架问卷的设计。为科学验证第一阶段定性研究的结论，进一步丰富调查问卷开放题部分的内容，本研究设计了叙事框架问卷（参见附件 6），旨在帮助学生追忆在生活中，他们所认识的高校优秀英语教师以及这些英语教师给他们留下的印象。

之所以采用叙事框架问卷，还在于叙事框架问卷能帮助研究者关注作为个体的人所经历的故事，以及这些故事对于个体的意义。从这一角度出发，本研究能够通过学生叙述与他们所生活的“世界”中的“有意义的他人”——高校优秀英语教师的密切互动交流中，从学生视角考察他们如何看待互动交流的重要一方——高校优秀英语教师的特点，以进一步阐释学生所叙述的“鲜活”的优秀英语教师故事背后的教师素质内涵与教师发展的意义。最终，叙事框架问卷和调查量表一起通过三角互证方式，探究学生如何建构他们心中的高校优秀英语教师“图式”，进一步验证第一阶段的定性研究结论，更为科学地建构学生视角下的高校英语教师素质体系。

为更好地帮助学生静下心来回忆和他们相处的优秀英语教师的点滴故事，本研究设计了叙事框架问卷（参见附件 6）。在叙事框架问卷中，本研究给予了一定的提示语和开放性问题，用以帮助学生完成一个个完整的故事描述。

“上大学后，我遇到过一位优秀的大学英语老师，那是在（什么时候？什么英语课程的课堂上？）……在我眼中，他/她之所以优秀，是（由于什么原因？课堂内或课堂外发生了什么事情？）……其中，给我印象最深刻的一件事是（他/她如何对待自己的教学和学生？）……如果这位老师或其他老师（在教学及对待学生方面怎样做就更好了？）”

叙事框架问卷设计完成后，研究者对两名同学进行了试调查，根据学生反馈对个别语言进行了完善和修改。

5.3.2 样本选取

量表调查的样本选取。在选取参加量表调查样本的过程中，主要采用了随机抽样方式，即从天津地区 30 所高校中，抽取了 8 所样本学校（参见附件 7）。其中 1 所重点大学、5 所一般院校和 2 所三本学校，样本学校具有广泛的代表性。

在确定样本学校后，本研究通过样本学校教务处，统计了样本学校本科生的总数以及英语专业和非英语专业学生的比例。依照每所样本学校的英语专业和非英语专业学生的比例，在 8 所样本学校中共确定了 1000 名学生参加了量表调查。

叙事框架问卷调查的样本选取。在抽取的 8 所样本学校中，选取了 1 所地方普通高等学校，根据英语专业和非英语专业学生的比例，重点考虑了学生群体的典型性、个性化特点以及所代表的时代特点，从该学校选取了 50 名 2018 级入学的英语专业和非英语专业大学生作为典型样本参与了叙事框架问卷调查。

之所以选择 2018 级这一典型样本参与叙事框架问卷调查，是由于这些大学生大多为 2000 年后出生，即“00 后”大学生，入学后他们正逢我国当前的新一轮高等教育改革。同时，也是伴随我国新时代长大的青年学子。此外，在新时代，我国高等教育经过几年的发展，高校英语教师素质有了很大提高（孙有中、张虹、张莲，2018），从这样的典型学生群体中进行叙事框架问卷调查，所得结论更加客观、完整，所建构的学生视角下的当代高校优秀英语教师素质体系也更为科学。

5.3.3 数据采集和数据分析

调查量表的定量数据采集和分析。在大规模发放调查量表之前，首先在两所高校的英语专业和非英语专业本科生中进行了三次试调查，根据参加试调查学生的反馈及试调查结果，对问卷题目数进行了删减，对项目中模糊不清的概念进行了修改，对项目部分内容做了进一步完善。

在大规模量表调查前，本研究首先联系了样本高校外国语学院院长和其他学院院长，在他们的同意和帮助下，由所在学生班级的任课英语教师协助，在随机抽样的 8 所高校的 1000 名学生中进行了问卷的集体发放。发放前，老师们详细说明了问卷的填写方法，强调学生应按照自己的真实想法，自愿、匿名填写。填写完毕后，问卷统一收回，问卷发放与全部回收历时两个半月。8 所样本学校共发放问卷 1000 份，回收 986 份，有效问卷 962 份，有效回收率 96.2%。

最后，本研究利用社会科学统计软件（SPSS），分别对问卷的各部分进行了定量数据分析，即通过描述性分析和相关统计学处理，验证了第一阶段的高校优秀英语教师的素质特点，初步构建了学生视角下的高校优秀英语教师素质体系和高校优秀英语教师教学能力。

叙事框架问卷调查的定性数据采集和分析。在发放叙事框架问卷调查前，本研究在确定的 1 所地方本科样本学校内，通过方便抽样方式，找到了三个班级的学习委员，告知他们叙事框架问卷调查的目的和意义。通过他们与所在班级同学以及所在学校同年入学的其他学院同学或朋友联系，邀请了 50 名学生自愿参加叙事框架问卷调查。在征得学生同意后，本研究通过邮件将叙事框架问卷分别发给了三个班级的学习委员，请他们转发给自己班级同学或其他院系同学，要求在一个月内完成，由学习委员统一回收。

为使学生能清晰、自由、全面表达自己的思想、观点和看法，要求学生根据自己的实际经历，用英语或汉语匿名撰写叙事故事。一个月结束后，所有 50 名被抽样学生均完成了他们所撰写的叙事故事。其中，有效完整的叙事故事 45 份，其中 1 份用英语撰写，其他 44 份用汉语撰写（参见附件 8）。

在叙事框架答卷分析过程中，本研究意识到叙事框架答卷并非仅仅是故事的采集，而是研究者在有意义的问题指引下，对叙述故事进行的系统科学的定性数据分析，以有效对叙事数据进行解读和分析。为此，在对所采集的 45 份叙事故事的定性数据分析过程中，研究者主要受以下问题的指导：（1）在学生的叙述中，是否呈现了与第一阶段定性探究中得出相同的高校优秀英语教师形象？（2）学生在讲述完自己的故事后，是否能够得出与第一阶段相同的高校优秀教师素质特点？（3）在叙事过程中，学生如何选取自己的经历，又以怎样的故事呈现自己所经历的与高校优秀英语教师的互动过程？

受这些问题的引导，本研究对所采集的叙事框架答卷进行了三级编码的定性数据分析。首先，对每位学生的叙事故事进行编码，然后对收集、汇总的所有学生的叙事语料，采用“自下而上”的方式进行分析，对答卷文本进行三级编码（Strauss & Corbin，1998）（参见附件 9）。其次，以开放的态度反复阅读叙事文本，熟悉他们所用的语言，提取“本土”概念，再以这些“本土”概念为依据编码所有文本，析得 23 个维度、67 个一级编码。在二级编码过程中，通过不断比较和聚类建立一级编码间的关系确立概念类属，23 个维度共得出 6 个二级编码。三级编码是对所有概念类属间的关系进行选择性分析，共凝练出 2 个主题，例如，在“认真教学”维度中，学生感受“教师认真”的资料分析共得出 7 个一级编码，包括认真（46）、批改作业（16次）、负责（13次）、严谨态度（8次）、细心（5次）等。这些一级编码被进一步分析聚类成3个二级编码，分别为“敬业精神”“严格要求”和“认真负责”，接着进入三级编码，确定高校优秀教师专业素养中的“严谨教学态度”的主题。最后，在厘清每位学生的问卷后，将所有学生的故事线并置在一起，彼此间实现三角互证，再与所采集的定量数据统计结果一起和第一阶段的定性研究实现三角互证。

综上所述，本研究最终的研究目标是：首先通过定性研究，然后通过定量研究为主并辅以定性研究的混合研究范式，分阶段、有步骤、科学系统地采集学生视角下高校优秀英语教师素质特点的混合研究数据，在数据相互印证的基础上，构建学生视角下的高校优秀英语教师素质体系，以此指导职前和在职外语教师专业发展，为现行高校外语教师评价体系、高等教育改革和新时代高校英语教师队伍建设提出合理化建议。

围绕这一研究目标，本研究在第一阶段的实证探索和第二阶段的实证验证中，采集并分析了学生对高校优秀英语教师素质特点的看法。为了更好地展示本研究的成果，第六章和第七章分别用文字和数字相结合的方式对两个阶段的研究结果进行了总结。

6. 第一阶段的研究结论

本研究的目标是通过混合研究范式，探究学生心目中的高校优秀英语教师素质特点，构建学生话语体系中的高校优秀英语教师素质体系。为实现这一研究目标，本研究分两个阶段，即第一阶段的定性研究和第二阶段的定量研究为主并辅以定性研究的混合研究方法。本章主要总结第一阶段的定性研究结论。

6.1 定性研究概述

在国内外有关高校英语教师素质的研究中，关于二语或外语优秀教师素质的研究，学生视角下高校优秀英语教师素质体系的研究匮乏，而从学生视角探究高校优秀教师素质特点则具有教育和研究意义，所以为回答研究问题：学生视角下高校优秀英语教师素质特点是什么？在本研究的第一阶段采用了定性研究。

第一阶段目标旨在通过定性研究中的半开放式访谈，倾听学生“真实”的声音，采集学生心目中高校优秀英语教师素质的文字资料，通过定性数据分析的类属分析，从大量、丰富、无序的定性数据资料中，析得高校优秀外语教师素质的维度。

在第一阶段，对来自 15 所高校的 60 名学生进行了半开放式访谈，通过类属分析，对约 38.5 万字的访谈整理文本分析得出高校优秀英语教师作为“职业人”和“社会个体”的两大维度。本章将主要说明这两大维度的研究结论[①]。

6.2 高校优秀英语教师作为"职业人"的职业特点

如同教师视角下高校优秀外语教师素质的研究一样（吴一安，2008；史耕山、周燕，2009），本研究中，学生也认为高校优秀英语教师具有高尚的职业道德、深厚的专业素养和较强的教学能力。这一发现印证了教师视角下高校优秀英语教师"为师"的优秀特质，体现了教与学的关系。

6.2.1 高尚的职业道德

在半开放式访谈中，学生特别强调高校优秀英语教师的职业道德，他们使用最多的词汇是"热爱""热情""激情""有责任心"和"认真"。学生反映，优秀英语教师非常热爱自己的教学岗位，对英语教学保持着"深厚的教学感情"（No.13）[②]、"对工作永葆激情"（No.31）。在受访学生看来，爱岗敬业是一名优秀英语教师必备的职业素养。

"首先热爱他的英语教学事业，只有这样，才能感染他的学生"。（No.23）

反之，如果一名教师缺乏爱岗敬业精神，学生觉得这样的老师不称职、"不靠谱"。

"我觉得（教师）敬业很重要，要很负责任……我很讨厌一个人没有责任感，因为没有责任感的人就会经常'掉链子'，让你觉得不可靠。我觉得作为一个老师，起码要让学生觉得我们的老师

① 2015 年 4 月在《山东外语教学》第 2 期发表。

② 此处及下文的引用均出自参与访谈的学生，出于科学研究和对学生权益的尊重，学生名字均用代码 No.1—No.60 替代。

很可靠、很靠谱……然后很愿意去听她的课。”（No.12）

除此之外，优秀教师对学生要有爱心、负责任，能经常与学生沟通交流，深入了解每一位学生，做到因材施教。在访谈过程中，学生均谈到了教师在这些方面对他们负责任的做法。

“因为大学生的英语水平差异很大，针对不同水平的学生应该有不同的教学方法……有的学生英语水平不是特别好，不管学生做得多差，他都不会批评你，一直在鼓励你，这就给同学们一个努力学习的动力”。（No.15）

正是由于优秀教师对英语教学的这份执着与热爱，才使他们为学生所钦佩，成为学生的榜样，向学生传递了职业道德正能量。用学生的话说，“一个好的老师，会影响学生向好的方面发展，‘变得’品德高尚。”（No.29）

6.2.2　深厚的专业素养

在访谈过程中，受访学生还一致谈到优秀英语教师所具备的较高的专业素养，包括扎实的专业知识与技能、宽广的知识面和较强的教学能力。

扎实的专业知识与技能。在谈到英语基本功和基本技能时，受访学生多次提到优秀英语教师“标准”“地道”的发音和“流利”的口语。他们有非常标准的“伦敦腔或美音，口语特别溜，特别好听”。听他们说英语，学生不仅感觉舒服，愿意模仿，更为学生创设了英语学习氛围，激发了他们学习英语的热情，使学生课上课下愿意用英语与教师进行互动交流。

“听他的声音觉得舒服，如果英语说得好的话，让人愿意去听。我觉得发音是一个‘优秀’英语老师素质里面很重要的一条”。（No.5）

除此之外，几乎所有受访学生在谈及优秀英语教师的专业知识和技能时，均提到他们英语专业知识储备丰厚、专业技能强、学术视野开阔，教学过程“纵横帷幄”，游刃有余，能很好地帮助学生解决专业学习的各类问题。更为重要的是，他们为学生树立了学习标杆，能引领学生走向更高层次的专业学习。

“这个老师在英语专业方面是一个专家，是一个高层次的人才，同学们觉得会有一个标杆在那里，会朝那个方向努力，即使你达不到，但就像卡梅隆说的那样，老师树立了非常好的榜样，即使你摔倒了，你的起点也会比别人高。所以我觉得一个优秀的高校英语老师，无论是在语言功底方面，还是在其他文化方面，如果积淀深厚的话，那对学生来说就是很大的激励，这种激励作用不仅仅是延续一年或四年，可能是整个人生”。（No.55）

宽广的知识面。学生眼中优秀英语教师不仅专业知识丰富，而且知识面宽，广泛涉猎其他学科知识，能启迪学生智慧，开拓学生视野，使学生愿意与他们交流。在学生看来，与知识渊博的教师交流，会使他们受益匪浅。

“我很喜欢学识渊博的老师，愿意跟他交流。因为我觉得这种学识渊博的人，多跟他交流我就会受益”。（No. 50）

学生还反映，优秀英语教师除了渊博的专业知识外，还见多识广，特别是对英语国家的文化和习俗有很多的了解。

“她的见识相当广，给我们讲了很多国外习俗，我觉得挺有意思的”。（No.38）

受访学生还进一步解释了英语教师储备英语国家背景知识，通晓目的语国家文化的重要性。

“因为语言是一种文化的载体，它承载的是文化。所以说，要想学好英语的话，必须要了解它的文化，不能肤浅地只停留在语言的表面，只有这样，才能更好地和那些外国人交流。”（No.11）

较强的教学能力。访谈中，受访者更多谈及了他们心目中优秀英语教师对教学的深刻理解和较强的教学能力，从他们的视角反映了高校优秀英语教师的教学能力主要表现在教学目标、教学内容、教学模式三个维度。

首先，在教学目标上，优秀英语教师能超越单纯注重学生英语考试成绩以及语言点的讲解，更多关注学生语言交流能力，特别是口语交流能力以及英语的实际运用能力。所以，学生希望英语教师：

“应该不仅关注考试成绩，更应侧重能力的培养，即语言运用能力和交流能力，多学习一些生活中需要的英语”。（No.29）

除此之外，优秀教师还能基于课本扩展某一语言点，抓住教育契机，培养学生的思辨能力和独立学习能力。

“我认为，优秀英语教师应该教会我们思考和动手的能力。因为在大学里，英语教师授课不仅仅局限于课堂，不是一种填鸭式的灌输，而应该是教会我们怎样去思考，自己动手”。（No.16）

其次，在教学内容的选择上，优秀英语教师能突破课本内容的束缚，不拘泥于课本，应超越课本，为学生提供贴近生活，与社会热点紧密结合的新鲜材料。

“他能够让课本上的知识，经过自己的理解与发挥，与社会现实中的一些东西相联系，能够让同学了解更多的国内和国外的事情，比如最近发生的一些事情”。（No.9）

同时，优秀教师能够结合自己的见闻和经历，介绍、补充文化背景知识，揭示语言背后深层次的文化内涵。

“不仅仅限于课本知识，他会给你讲很多相关知识。比如，留学时所在国家的见闻，与文化相关的习俗等”。（No.33）

最后，在教学方式上，几乎所有受访者希望与教师在课堂内外进行互动交流，希望教师多关注他们的交流需求，设置语言知识、社会热点、文化差异等方面的交流话题，从而真正实现语言教学的根本目标——综合语言运用能力及学生独立学习、独立思考能力的全面提升。

“因为语言就是交流的工具，并不完全是老师在上面讲，学生在下面听，这是一种被动式的教育，完全起不到交流的作用。老师在完成教学任务的同时，一定要注意与学生用英语进行交流这一个环节，因为语言是一种交流工具，学习了语法之后，必须要运用”。（No.54）

与此相一致，学生喜爱的优秀英语教师能做到不沿用传统的以课本为中心、以教师为中心的教学方法，而是采用以学生为中心的教学模式，充分发挥教师的引领和启发作用，通过开放式提问，设置各类话题组织学生讨论，与学生互动交流。

“以讨论的方式上课，就是老师给我们布置一个题目，然后分成小组讨论，各抒己见，查缺补漏吧”。（No.22）

除此之外，优秀英语教师还特别注重了解学生实际需求、学习兴趣和英语实际水平，安排并不断更新教学内容和教学方法，做到因材施教。

“大学里优秀的英语老师不会先教一些技能，而是先了解同学们的心理状况，至少他会对症下药，像孔子那样的因材施教”。（No.55）

因此，优秀教师能够创设生动、活泼、轻松的英语学习氛围，鼓励并保护学生学习英语的兴趣，用宽容和耐心指出学生在学习过程中所犯的语言错误，组织和培养学生语言交际能力和独立学习能力，积极参与各种教学活动。

“他的上课方式比较轻松，学生们在一个很欢快的课堂氛围当中，有一个良好的英语交谈的环境，能够不知不觉地用英语交流。然后，不局限于课堂，给你一个宽松的英语学习环境”。（No.28）

优秀英语教师的课堂“不再是那种刻板的，而是开放的、多元化的教学，让同学们能学到更多的东西”。（No.24）

综上所述，学生眼中的高校优秀英语教师深厚的专业素养体现在他们扎实的学科专业知识、宽广的相关学科知识和较强的英语学科教学能力方面。相反，几乎没有学生谈及我国当前高校教师评价体系中，对教师在科研方面的强制性标准，如学术论文发表多少、学术项目和学术获奖多少或层次等，这在一定程度上折射出我国当前以科研为导向的教师评价体系对教师专业发展的强力牵引和学生视角下高校优秀英语教师素质特点之间的矛盾。

6.2.3 教师专业学习

从数据分析结果看，优秀英语教师素质还包含一个非常重要的方面，那就是教师对其专业发展的不懈追求、不断学习与进取。不管一位教师资历有多深，年龄有多大，都保持对专业学习的激情，这种激情促使优秀英语教师不断学习专业知识，为学生树立榜样，激励学生不断学习。

"如果像这样的老师，他自己是比较优秀、比较上进的话，他把自己的经历说给我们听，可以激励学生，向他学习，把老师作为自己的榜样吧，向他的那个方向努力"。（No.25）

除此之外，优秀英语教师在不断学习专业知识的同时，还应具备创新能力，对教学进行不断研究与探索，敢于突破传统教学模式，大胆尝试新的教学模式，使学生在有限的课堂时间里，学到更多的知识，同时体验、享受课堂教学过程带来的学习快乐。更重要的是，教师的这种创新、探索精神会引导学生不断创新。

"我们大学生就是从高中应试教育过来的，我觉得缺乏的就是创新能力。老师具备这种创新的能力，可以带领我们去尝试一些创新吧"。（No.22）

综合以上分析可以发现，在"教师"职业层面，学生视角下的高校优秀英语教师，具有高尚的职业道德，责任心强，积极向上，是散发正能量的"榜样"；是专业知识精通、知识面广博的"专家"；更是对学生和教学有着深层次理解，把自己掌握的专业知识有效传授给学生的"匠才"；他们在个人专业发展中不懈追求、不断进取，成为学生探索与创新的引航者。这些内容体现了学生对教师“传道、授业、解惑”的传统角色的认同，与教师视角下的高校优秀英语教师的素质特点大致相同（吴一安，2008；史耕山、周燕，2009），进一步印证了本研究第一阶段的研究结论（闫丽华等，2012；展素贤、李肖，2013）。

6.3 高校优秀英语教师作为“社会人”的个性特点

与教师视角下的优秀英语教师素质特点的不同之处在于，学生视角下的高校优秀英语教师作为社会个体，展示了其在特殊社会团体，即课堂内、外的教育环境中良好的语言沟通策略和社交能力，以及在与学生进行互动交流时所散发的鲜活、“流动”的个人魅力，体现了在这一特殊社会团体内师生之间的相互尊重、友好共处、亲和融洽的人际关系。

6.3.1 基于平等、尊重的沟通交流

访谈中，受访学生一致反映，“人与人之间，最重要的就是沟通，就是心与心之间的交流”（No.17），而教学本身，在学生看来，就是一个交流的过程。如果教师不懂得如何与学生进行语言和情感的交流，就不可能胜任教师这一职业，更谈不上是一名优秀教师。

在学生眼中，优秀英语教师在课堂内、外这一特殊社会环境中，特别注重师生之间的交流，“他们本身就有一种很独特的能力，就是很容易和学生沟通”（No.44），他们不仅“知道如何与学生沟通”（No.43），而且“和学生有良好的沟通”（No.13），“他们特别会和学生沟通”（No.26）。

在受访学生心中，优秀英语教师虽然拥有渊博的知识，但他们尊重学生，平等对待每一位学生。他们没有老师的架子，能够

像朋友一样与学生进行平等的思想与情感的互动交流。

“他们并不是把自己看成比学生高出来的那种教师，从不差别对待学生”。（No.52）

除此之外，学生感受到优秀英语教师自身有很强的亲和力，不仅使学生愿意与他们相处，而且还教会了学生如何与他人相处。

“我觉得他有一点非常好，就是在亲和力和尊重学生方面做得很好，让学生觉得能从老师这儿学到的不仅仅是专业知识，还可以学到如何与别人打交道，如何与别人相处”。（No.14）

受访学生还进一步阐释了优秀教师的亲和力在与学生日常交流和英语教学中所起的重要作用。

“亲和力，我感觉就是人与人交流的基础。一个人若没有亲和力，他就不可能与另外一个人建立良好的关系，就不可能进一步或更深入地与学生进行沟通”。（No.14）

“英语老师的亲和力比较重要，因为英语本来就是一个互动性比较强的科目，如果没有亲和力的话，那学生可能就没有兴趣学习”。（No.15）

正是由于平等、亲和的态度，优秀英语教师才与学生建立了良好、融洽的师生关系。在受访学生心目中，他们就像朋友、学长一样，是学习上的良师、生活中的益友。

“老师讲得很好，课上课下经常交流，像我们的姐姐一样。我们之间聊各个方面的问题，而且非常愿意帮助我们。老师从内心把我们当成朋友一样，彼此之间相互了解，我们很愿意接受她”。（No.1）

访谈中，学生一致反映，在基于平等和信任的互动交流中，优秀英语教师对他们充满了爱心，不仅关心专业学习，而且关注身心健康，能创造和利用各种机会，与学生进行学习、心理和情感的沟通交流。

“老师把邮箱给我们，嘱咐我们有什么问题给他发邮件，回复也挺及时，有一些跟学习有关系，有一些跟学习没关系，帮助我们解决了许多问题。下课后或课间经常与我们聊天，关心我们的生活和学习上有什么困难”。(No.22)

通过与学生的互动交流，优秀英语教师能了解学生的学习、兴趣、心理变化、生活状态等情况，耐心地帮助学生解决学习上的疑惑和生活中的困难，从而拉近了与学生的心理距离，消除了彼此间的陌生感。

“老师的思想很年轻，她喜欢跟同学们交流，我们也愿意跟她说，老师跟学生之间的距离就拉近了。老师并不是下课铃声一响，你走你的，我走我的”。(No.10)

因为尊重学生，亲和力强，优秀英语教师能真正了解学生，得到真实、准确的教学反馈信息，从而有效促进师生间的互动交流，达到师生情感和思想的默契，进而实现教学相长。

“我觉得课后交流非常重要。老师和同学课后的交流不仅可以相互理解、相互体谅各自的工作与生活，另外它也是课堂的延伸，就好像幕后工作，幕后做好了，台上的表演就会更完美、更融洽”。(No.55)

6.3.2 个人魅力引导学生

在学生眼中，高校优秀英语教师虽然性格多样，但他们身上都散发着独特、鲜活的人格魅力。通常研究者把教师的人格魅力抽象地看作理想信念、学识水平、知识能力、个性情趣、品德修养等素质所铸就的教师人格（牛明福、李翔，2010），或“涉及更多的是教师品质和个性，无疑这与教学和学习的过程有关”（戴维·卡尔，2015），教师的品质和个性对有效或成功教学具有重要意义。从本研究结论来看，学生认为教师的个人魅力，不仅是“大学教师”这个名字的一个重要内涵，更是一名优秀英语教师的素质。从学生视角，他们具体地阐释了教师人格的内涵以及优秀英语教师的个人魅力。下面的访谈内容代表了所有受访者的心声：

研究者：您认为优秀英语教师还应该具备哪些素质呢？

No.18：我觉得是人格魅力。

研究者：人格魅力具体是指什么呢？

No.18：人格魅力就是她能给我们展现出老师应该具有的状态，或者说让我们看出，她是一位品质好、学识渊博的老师，能让我们自然而然地喜欢她、追随她、信服她，愿意听她讲课。

在受访学生看来，教师的个人魅力首先体现在教师的人格品质上。而优秀教师的人格品质具体表现为：思想正派，品质优秀，对工作、生活有着积极向上、不断进取的态度。这些高尚的道德情操不仅为学生树立了榜样，给学生传递了正能量，而且还产生了很强的引导力，影响学生做事、做人。

“我个人非常看重老师的品质和人格魅力，就像曾经看过白岩松的一篇文章，他说人格是最高的学位，讲的是季羡林的故事。当然这样的大师我觉得一直就有”。（No.55）

优秀教师的个人魅力还表现在前面所谈及的教师精通的英语专业知识，广博的知识面，较强的教学能力和对英语教学的大胆探索与创新上。换言之，这些优秀品质和专业素养共同构筑了教师个人魅力的丰富内涵，而个人魅力则“镶嵌”在优秀英语教师的教学中，成为他们的一种职业状态。

“老师讲课的内容非常丰富，我觉得这很吸引学生，老师的个人魅力也包含在里面了”。（No.41）

教师的个人魅力除了“镶嵌”在他们日常的职业活动外，还展示了教师个性流动的美，他们充满了活力和激情。学生感受到的优秀英语教师的“最大的特点是有活力，老师在讲台上一站，人就‘活’了”。（No.1）

他们“精力充沛，充满活力。的确如此，老师的个人魅力，对我来讲是非常有吸引力的”。（No.54）

除此之外，学生还感受到了优秀教师的教学激情。这一发现，与之前优秀英语教师职业道德素养相互呼应，进一步说明教师的激情在教师教学生涯中起着非常重要的作用。

“老师整个人看上去比较精神，很吸引人注意，讲课的时候也是非常有活力的，富有激情。”（No.32）

特别值得一提的是，几乎所有受访学生都谈到，优秀英语教师上课诙谐幽默，这种诙谐幽默也展示了教师的个性魅力。

“我觉得英语老师的气场比较强，他说话风趣幽默，用词比较前卫，能够吸引学生的注意”。（No.53）

课下，优秀英语教师更是用他们幽默的交流方式，使学生愿意接受他们，容易和学生打成一片，能很自然地实现与学生在学习和思想上的有效沟通与交流。正如一名受访者在谈及她对优秀教师的感受时说：

“老师平常比较幽默，和蔼可亲，同学们都愿跟他交流”。（No.16）在师生交往中，教师在性格、品德、情感等方面所散发的个人魅力以及所具有的人格力量会对学生产生很强的吸引力，让学生不仅感悟到人际交往的意义和价值（于忠海，2014），更重要的是会对学生的学习、生活和人格产生积极的影响。优秀教师通过自身魅力“吸引学生”（No.44），“领导”学生（No.19），可谓“桃李不言，下自成蹊”。同时，学生也会视优秀教师为“偶像”（No.59），追随教师，从而实现教与学的和谐互动，在特殊社会环境中实现师生间心与心的沟通与交融。可见，教师个人魅力所具有的巨大教育潜能，比说教有更强的心灵渗透力和引导力。

综上分析，学生视角下的高校优秀英语教师素质，在很大程度上体现在教师作为社会个体的存在，体现在师生间互动交流过程中所建立和维系的和谐、友好的人际关系中，“优秀的教师因其与学生的接触以及与学生的相互作用被更恰当地看作建立在真诚关心并考虑他人具体利益和需求基础上的关系被牢记下来”。（戴维·卡尔，2015）这一研究结论符合学习共同体的理论内核，特别是教育的人际交往功能。这是因为大学的实质，“是一个由学者与学生组成的、致力于寻求真理之事业的共同体”（雅斯贝尔斯，2007）。大学的组织原则必然要体现以“学人”为中心的教育理念。而要体现以学人为中心的教育理念，必须要创设学者与学生之间和谐交往、学术交流的外部环境。唯此，才能在大学教育实践中，真正实现现代大学之父——柏林洪堡大学的创校元勋洪堡的三种教育目标：大学自治和学术自由、教学与科研的统一以及培育完人的全面人文教育（刘宝存，2005）。

社会互动学习理论和组织学习理论可以很好地帮助我们解释学生眼中高校优秀英语教师素质特点。在学生眼中，作为社会个体的优秀教师，在课堂内、外这一特殊的社会“共同体”中，他们具有很强的语言沟通和社交能力，有着鲜活的个人魅力。学生视角下的高校优秀英语教师素质，一方面，体现了教育的社会性特点，这一特点要求教师作为“个体人”理应参与与“他人”（即学生）的互动和交流；另一方面，充分体现了当代年轻人渴求教师给予他们人文主义关怀的诉求，教学中体现出对教学的敬业、认真与热爱，对知识的尊重、丰富与创造，对学生的宽容与鼓励，这种精神文化在课堂内外浸润着学生的心灵，影响着学生学业和生活，彰显了现代课堂的开放性和社会性特点，展示了现代大学外语课堂应有的互动与融洽的师生关系。因此，学生对高校优秀教师素质的期盼和当前高等教育改革对重塑大学“本体性文化”的呼声相一致。

真正的大学就是人与人的交往，是年轻人与有学问的长者之间的亲密接触。大学文化当然离不物质形态的完善，但最重要的是物质形态的大学空间里充满着活生生的人的活动，充满着师生富于文化意味的生动交流（刘铁芳，2014）。

以上研究结论进一步印证并丰富了本研究的前期研究结果

（闫丽华等，2012；展素贤、李肖，2013）。“教师首先是一个教育者，其次才是一个学科的教师。因为不同的学科教学，尽管都有着自己一些具体的目标，但有一个共同的目标，那就是使学生成为一个完整的人”（肖川，2016）。

6.4 总体研究结论

在研究的第一阶段采用定性研究方法，从学生视角探讨了高校优秀英语教师的素质特点，取得了以下两方面的研究结论：

第一，勾勒出学生视角下高校优秀英语教师的形象，阐释了学生话语体系中高校优秀英语教师素质的“图式”，在此基础上进一步从学生视角建构了高校优秀英语教师素质体系的三个维度，即高校优秀英语教师素质体系是由教师崇高的师德素质、深厚的专业素养和鲜活的个人魅力三个维度构成。在这一体系中，学生不仅认为高校优秀英语教师具备“职业人”的优秀专业素质，而且更看重教师在与他们组成的“学习共同体”内，作为社会个体所具备的“人”的个性特点。

第二，实证描述了基于学生视角的高校优秀英语教师的教学能力及其具体表现，勾勒出学生视角下高校优秀英语教学愿景。

在教学目标上，优秀教师注重培养学生的语言交际能力、思辨能力和独立学习能力。

在教学内容上，优秀教师能够超越课本，补充英语国家有关文化与习俗的知识，并与他们的经历和见闻相结合，特别是与学生实际生活和社会现象相联系。

在课堂教学模式上，他们能够创设轻松、活泼、开放的课堂氛围，教法灵活，因材施教，实现了师生之间的互动交流。

7. 第二阶段的研究结论

在本研究的第二阶段，主要采用定量研究，并辅以定性研究，通过调查量表和叙事框架问卷，分别采集了定量数据和定性数据，基于相对应的定量数据统计和定性数据分析，相互印证并丰富了第一阶段定性研究结论（参见表 5.1）。本章在总结第一阶段定性研究结论和概述第二阶段研究方法的基础上，得出第二阶段的研究结论。

7.1 第二阶段的研究方法概述

7.1.1 第一阶段的定性研究结论

在本研究的第一阶段，为了回答“学生视角下高校优秀英语教师素质特点是什么”这一核心研究问题，研究者采用了定性研究方法，得出了两个重要结论。

1.学生视角下的高校优秀英语教师素质体系是由教师崇高的师德素质、深厚的专业素养和鲜活的个人魅力构成的。

2.学生视角下高校优秀英语教师有很强的教学能力。主要表现为：在教学目标上，高校优秀英语教师注重培养学生的语言交际能力、思辨能力和独立学习能力；在教学内容上，优秀教师能超越课本，补充英语国家文化、习俗知识并与他们的经历和见闻相结合，特别是与学生的实际生活和社会现象相联系；在课堂教学模式上，能创设轻松、活泼、开放的课堂氛围，教学方法灵活，因材施教，实现了师生间的互动交流。

7.1.2 第二阶段的研究方法概述

第二阶段研究目标：第二阶段的研究旨在通过采用定量研究中的调查量表，并辅以定性研究的叙事框架问卷，验证和丰富第一阶段的两个重要研究结论，进而建构学生话语体系下的高校优秀英语教师素质体系和教学能力体系。

第二阶段研究方法概述：在核心研究问题指导下，根据第一阶段研究结论，主要采用定量研究，旨在回答以下两个研究问题（参见表 5.1）：

1. 学生视角下的高校优秀英语教师素质特点与第一阶段定性研究所得结论是否一致，即高校优秀英语教师是否普遍具备高尚的师德素质、深厚的专业素养和鲜活的个人魅力。

2. 学生视角下高校优秀英语教师在教学目标、教学内容和教学模式三个维度是否具有较强的教学能力？

为了科学、系统回答以上两个研究问题，基于第一阶段的两个研究结论，研究者自行设计了调查量表。本研究采用随机抽样方法从天津 30 所高校中抽取 8 所样本学校，邀请 1000 名学生参加了问卷调查，回收有效问卷 962 份。利用 SPSS 17.0，对 962 份有效问卷进行了描述性分析和相关统计学处理，回答了两个研究问题。

同时，为了进一步丰富量表中的开放性问题，伴随第二阶段的定量数据研究，研究者同时也采用叙事框架问卷方法，采集了相关定性数据。为帮助学生完成完整的故事叙述，研究者设计了叙事框架问卷，采用方便抽样方式从 8 所样本高校中，抽取了一所学校的 50 名大学生填写问卷。对回收的 45 份有效答卷，研究者利用定性研究中的三级编码方法，对答卷进行了定性数据分析，最终得到定性数据分析结论。

7.1.3 第二阶段的总体研究结论

首先，对量表调查过程中所采集的定量数据，用 SPSS17.0 进行了描述性分析和统计学处理，发现：在学生视角下，高校优秀英语教师素质体系是由教师崇高的师德素质、深厚的专业素养和鲜活的个人魅力三个维度构成的，且学生视角下的高校优秀英语教师应具备很强的教学能力，表现在教学目标、教学内容和教学模式三个层面。这与第一阶段定性研究所得结论相互印证。

其次，在叙事框架问卷调查过程中，通过对所采集的 45 名大学生（大多数为 2000 年出生）的叙事故事分析中，高校优秀英语教师素质主要体现在作为"职业人"的优秀教师特质和"为人"层面的人格魅力上。

具体而言，在新时代高等教育改革背景下成长的大学生眼中，高校优秀英语教师群体在"为师"层面，具有高尚的职业道德和敬业精神，他们爱岗敬业，对学生负责，认真批改学生作业；同时，高校优秀英语教师拥有扎实的专业知识和专业技能，发音标准（地道），口语好，知识面宽，还有高超的教学能力。此外，在教学能力方面，他们讲解知识到位，教学方法灵活，课堂气氛有趣活跃。总之，在"00 后"这一典型群体样本学生眼中，高校优秀英语教师作为"人师"，对他们的学业有很大帮助，是他们求学路上的引路人。

高校优秀英语教师群体在"为人"层面，在"00 后"这一学生群体中，叙事学生普遍认为，优秀的高校英语教师善于与他们沟通交流，有爱心和耐心，和蔼可亲；同时，优秀教师对他们有宽容之心，在他们遇到困难和犯错误时鼓励他们，成为在他们"做人"道路上的陪伴者。

可见，叙事框架问卷的定性数据分析结论与定量研究调查量表的数据统计结果相互印证，验证并丰富了第一阶段定性研究所得的两个重要结论，并与第一阶段的定性数据分析结论共同构筑了学生视角下高校优秀英语教师素质体系和教学能力体系。

7.2 验证高校优秀外语教师素质体系

7.2.1 高校优秀英语教师素质体系量表的结构效度和信度

1. 高校优秀英语教师素质体系量表。如前所述（见第五章），第一阶段定性研究结论表明，在学生视角下，高校优秀英语教师的素质体系是由教师崇高的师德素质、深厚的专业素养和鲜活的个人魅力三个维度构成的。为验证这一研究结论，围绕定量研究的第一个问题，即学生视角下高校优秀英语教师是否由教师高尚的师德素质、深厚的专业素养和鲜活的个人魅力三个维度组成，研究者编制了高校优秀英语教师素质体系量表（参见附件 5）。

量表包括两部分内容：第一部分为封闭题，要求学生回答在大学中所遇到的优秀英语教师人数（从没有到 3 位以上）。第二部分验证第一研究阶段有关高校优秀英语教师素质体系，即高校优秀英语教师素质是否由崇高的师德素质、深厚的专业素养和鲜活的个人魅力构成，共 24 个选项，要求学生在李克特（Likert）五级量表中做出选择（1=很不同意，2=不同意，3=不知道，4=同意，5=非常同意）。

（2）结构效度检验。采用主成分因子分析，对高校优秀英语教师素质量表的结构效度进行了检测，如表 7.1 所示。

检验结果发现，KMO 检验值为 0.95（接近 1.0），表明变量间的共同因子多，适合做因子分析；显著水平值为 0.000（<0.05），表明变量间有显著差异，肯定了因子分析的适用性。

表 7.1 各因子的特征值、解释方差、累计方差及项目负荷量

因子	标签	特征值	方差	累计方差	各项目负荷量区间值
因子 1	专业素养	5.05	21.04	21.04	0.59—0.68
因子 2	个人魅力	4.80	20.02	41.06	0.45—0.71
因子 3	师德素质	3.40	14.15	55.21	0.56—0.76

从表 7.1 可以看出，三个因子的特征值都在 3 以上，远大于 1.0 的可接受值。三个因子的累计方差达到了 55.21%，较好地解释了整个量表的方差。各因子的项目负荷量介于 0.45 和 0.76 之间，远高于 0.30 的可接受值。这说明调查采用的高校优秀英语教师素质量表有较好的结构效度。

3. 信度检验。对高校优秀英语教师素质量表中的三个变量信度进行了 Cronbach’s Alpha 系数检验，确认了其内部一致性，如表 7.2 所示。

表 7.2 教师素质各维度的信度与总信度

分类变量	项目数	有效个案数	信度系数	总均值
师德素质	7	952	0.86	4.49
专业素养	8	948	0.86	4.47
个人魅力	9	951	0.89	4.39
教师素质维度	24	951	0.94	

检验结果没有发现影响量表内在一致性的项目。此外，师德素质、专业素养和个人魅力的信度系数分别为 0.86、0.86 和 0.89，包括这三个维度在内的整个教师素质量表的信度系数为 0.94，均远远高于可接受信度 0.7，说明整个教师素质量表和三个维度的内在一致性较高，具有较高的信度。

在对高校优秀英语教师素质量表进行结构效度和信度检验的结果基础上，在定量数据统计和分析过程中，基于 SPSS 17.0 统计软件，对所采集的有效定量数据进行了描述性分析和统计学处理，从统计学角度得出研究结果。同时，叙事框架问卷的研究结论也对研究结果进行了相互印证。

7.2.2 结果一：高校优秀英语教师群体存在的“事实”

调查量表的第一部分是有关学生遇到过的高校优秀英语教师人数的调查，这一部分数据的定量统计发现（见表 7.3），除了 8 个缺省值外，参加量表调查的大部分学生（91.4%）认为，在他们的大学阶段，遇到了至少 1 位或 1 位以上优秀的英语教师。其中，遇到 1 位优秀英语教师的占比为 47.7%，遇到 2 位优秀英语教师的占比为 28%，遇到 3 位及以上优秀英语教师的占比为 15.7%，而仅有 8.6%的学生认为他们的大学阶段没有遇到过优秀英语教师。

表 7.3 学生遇到的高校优秀英语教师人数

教师人数	1 位也没有	1 位	2 位	3 位及以上	总计
学生人数	82	455	267	150	954
百分比（%）	8.6	47.7	28.0	15.7	100

定量数据统计的结果表明，在学生眼中，高校优秀英语教师是一个不小的教师群体，印证了第一阶段的定性研究结果：高校优秀英语教师群体是存在的。

在叙事框架问卷的调查过程中，所采集的 45 份有效叙事框架问卷，所有学生均在他们的叙述故事中陈述，他们在大学期间遇到过至少一位优秀大学英语教师，或教授非英语专业大学生的通识大学英语课程，或教授英语专业学生的不同课型的英语专业课程。在 45 名叙事者的叙述中，用以下形式描述了他们眼中的高校优秀英语教师。

“上大学后，我遇到过一位优秀的大学英语老师，那是在大一

时，在大学英语Ⅱ的课堂上。”（第 1 号叙事故事[1]）

“上大学后，我遇到了一位优秀的老师，她是大一上学期教综合英语的××老师。”（第 12 号叙事故事）

“上大学后，我遇到过一位优秀的大学英语老师，在大一下学期的英语基础写作课上，我遇见了××老师。”（第 5 号叙事故事）

可见，定量研究的量表调查结果和定性研究的叙事问卷反馈相互印证，进一步阐释了高校优秀英语教师群体存在的客观事实。这充分说明在目前我国高等教育改革背景下，广大教师经过辛勤努力，他们的教学成就得到了广大学生的认可。在高校教师队伍中有一大批优秀英语教师，为当下高素质、专业化、创新型高校英语教师队伍建设提供了一个很好的师资基础和教师专业发展示范样本。

7.2.3　结果二：高校优秀英语教师素质维度的验证

在我国相当长的历史发展中，特别是在当前倡导构建高素质、专业化、创新型教师队伍的话语体系中，从教师管理者、教师专业发展促进者和教师视角，对优秀教师传统角色的最好描述是“传道、授业、解惑”。本研究从学生视角，通过定量数据统计和定性数据分析，进一步验证了学生对高校优秀英语教师在崇高的师德素质、深厚的专业素养和个人魅力三个维度的认可程度（见表 7.4）。

高校优秀英语教师素质三个维度的总体认可度：借助 SPSS 17.0，通过对回收的调查量表的描述性统计发现，学生对高校优秀英语教师素质体系的三个维度，即崇高的师德素质、深厚的专业素养和鲜活的个人魅力均予以充分肯定。此外，在回收的叙事

① 此处及下文的引用均出自叙事框架问卷调查的学生叙事故事，出于科学研究和对学生个人隐私的尊重，叙事故事均用代码（第 1 号叙事故事—第 45 号叙事故事）替代，不提学生名字。在此一并对参加匿名叙事框架问卷调查的学生表示感谢。

框架问卷的定性数据分析结论中也表明，当代大学生对高校优秀英语教师群体的描述，同样集中体现在高校优秀英语教师所具备的高尚的职业道德、深厚的专业素养以及鲜活的个人魅力层面。

在定量数据统计过程中，通过对这三个维度的进一步比对和分析（见表 7.4），发现学生对教师的专业素养（平均值=4.48）认可度最高，其次为个人魅力（平均值=4.47）和师德素质（平均值=4.39）。

表 7.4　三个维度的定量描述性分析结果

项目	有效个案数	最小值	最大值	平均值	标准差
专业素质	954	1.00	5.00	4.48	0.48
个人魅力	951	1.00	5.00	4.47	0.49
师德素质	952	1.00	5.00	4.39	0.52

在叙事框架问卷的定性数据分析过程中，大学生叙事话语体系提及次数最多的是教师对专业知识的掌握与传授、教师严谨的教学态度以及教师人格魅力的描述（见表 7.5）。

表 7.5　叙事话语在三个维度的高频词统计结果

项目	人数	高频词	累积频次
专业素质	45	知识（44 次）教学（27 次）　讲解（23 次）	94 次
师德素质	45	认真（46 次）负责（13 次）批改作业（16 次）	75 次
个人魅力	45	耐心（18 次）鼓励（17 次）　和蔼等（22 次）	57 次

从表 7.4 和表 7.5 可以看出，无论参加量表调查的学生还是参加叙事框架问卷调查的学生，他们均对高校英语教师的专业素养最为看重，表明学生首先认可优秀教师作为“职业人”所具备的深厚的专业素养。

在定量数据统计中，紧随教师专业素质之后的是教师鲜活的个人魅力（见表 7.4），这说明学生非常认可优秀英语教师作为社会个体的存在，重视教师作为“社会个体”的个性特点以及与学生所进行的平等的互动交流。此外，在学生的描述中，他们也认为高校优秀英语教师除了具备深厚的专业素养外，还具备高校优秀英语教师人格魅力中的耐心、和蔼等优秀品格，这对学生的学习和生活产生了积极的影响。

定量统计结果还表明，学生认为崇高的师德素质也是高校优秀英语教师群体的共性特点和必备条件之一，这一结果在叙事框架问卷的反馈中表现尤为突出。在学生的描述中，学生认为教师严谨负责的态度和认真批改作业的行为给他们留下了深刻印象，优秀教师的师德素养深深感染了他们。

综上所述，在学生话语体系和学生眼中，高校优秀英语教师群体之所以优秀，体现在他们所具备的师德素质、专业素养和个人魅力三个维度上。其中，学生最看重优秀教师深厚的专业素养，这也是优秀教师“为师”层面的根本；同时，学生认同高校优秀英语教师崇高的道德素质和鲜活的个人魅力，这也是一名高校优秀英语教师所必备的基本条件，是优秀教师“为人”层面的重要组成部分。以下将分别论述学生视角下的高校优秀英语教师在这三个维度的具体表现及研究结论。

（1）维度一：崇高的师德素质的分析结果。师者，首先是传道之人，故师德素质对教师至关重要，调查量表和叙事框架问卷分析结果均表明，学生对高校优秀英语教师崇高的师德素质体验很深，学生深受感动。

首先，在定量研究的调查量表的描述性统计分析中发现（见表 7.6），学生对教师职业道德素质的认可度的平均值均高于 3（对应李克特五级量表的“不知道”，下同）且大于 4（对应李克特五级量表的“同意”，下同），说明学生对高校优秀英语教师崇高的师德素养高度认可。

表 7.6　崇高的师德素质维度选项排序结果

排序	师德素质维度	平均值	标准差
1	传递道德正能量	4.50	0.68
2	热爱教育事业	4.49	0.68
3	有敬业精神	4.45	0.65
4	精心备课	4.43	0.68
5	精心批改作业	4.31	0.78
6	治学严谨	4.30	0.71
7	对学生负责，严格要求学生	4.21	0.80

从表 7.6 可以发现，在学生高度认可的优秀教师崇高的师德素质中，“传递道德正能量”（平均值=4.50）是高校优秀英语教师具备的首要职业道德素养，即人们常说的教师的“传道”作用。这就要求教师品德高尚、为人诚实、正直善良，在课堂内外注重自己的言谈举止，在学生的学习和生活中起到表率作用，帮助学生树立正确的人生观和价值观。这也从另一侧面反映了当代大学生对教师崇高职业道德的要求，表明高校教师在立德树人方面所应起的表率作用。

此外，统计数据分析还发现，学生眼中的高校优秀英语教师热爱教育事业（平均值=4.49），有敬业精神（平均值=4.45），而教师爱岗敬业则具体表现在教师精心备课（平均值=4.43）、精心批改作业（平均值=4.31）、治学严谨（平均值=4.30），并且对学生负责，严格要求学生（平均值=4.21）。这也进一步说明，一名教师只有热爱自己的教学工作，才可能有敬业精神，并持有严谨的治学态度，对学生负责，精心备课，认真批改学生作业。

以上定量数据统计分析结果也在叙事框架问卷调查的定性分析中得到印证。通过对学生叙事的分析发现，在学生话语体系中，学生谈及教师的认真（46 次）、负责（13 次）以及批改作业（16 次），这说明无论参加量表调查的学生还是参加叙事框架问卷调查的学生均认同高校优秀英语教师具备高尚的职业道德素质。以下节选的学生叙事代表性地展示了崇高的师德素质是高校优秀英语教师的共同特点：

"上大学后，我遇到过一位优秀的英语老师，是大一下学期英语写作课的××老师。在我眼中，她之所以优秀，是由于她工作认真负责、态度严谨，布置课外写作，让我们自主练习；布置作业改错，让我们反复练习。课上讲解写作知识非常详细，我们听得非常认真，很入迷，仿佛老师在和我们面对面的谈话，让我们在感动之余又受益匪浅。"（第 17 号叙事故事）

在学生眼中，高校优秀英语教师崇高的师德素养体现在对自己、对学生严格要求的态度上。教师对自己的严格态度为学生树立了榜样，对学生严格则使学生开心，因为学生期待自己通过教师严格的要求获得学业的成长。

"在我眼中她之所以优秀是因为即使在大学比较自由的课堂上仍然严格要求自己、要求我们。我非常开心，有要求才会有进步。我希望在她的写作课上，我的写作能力能够提高。"（第 32 号叙事故事）。

优秀教师严谨、严格的教学态度不仅为学生树立了榜样，而且他们认真细致批改作业、认真上课的行为给学生留下了深刻印象，令学生感动，激励学生积极向上。

"给我印象最深的一件事是××老师对待教学是严谨而认真的，她对自己的要求非常严格，给我们带来最好的写作课。最令我感动的是同学们每一篇作文她都认真修改、写评语。我们看到的评语，都是××老师熬夜挤时间写出来的。"（第 5 号叙事故事）

因此，学生眼中高校优秀英语教师群体之所以优秀，是由于他们严谨的教学态度和认真负责的教学行为，在课堂内外与学生互动交流中，给他们留下了深刻的印象，在道德层面引领学生向上、向善、向前。

（2）维度二：深厚的专业素养分析结果。作为师者，除了“传道”责任外，还担负着“授业、解惑”的重担。所以，调查量表和叙事框架问卷分析结果均表明，在学生眼中，在与教师互动交流的经验体会中，他们感受到高校优秀英语教师深厚的专业素养，为他们学业成长提供了帮助、促进和指导，并成为他们学业成长道路上的“引路人”。

在定量研究调查量表的描述性统计分析中发现（见表 7.7），学生对高校优秀英语教师深厚的专业素养有很高的认可度，在这一维度上的所有小项的平均值均高于 3(“不知道”)和 4(“同意”)，表明参加量表调查的大学生高度认同高校优秀英语教师在专业素养方面具有的专业品格特点。

表 7.7 深厚的专业素养维度排序

排序	专业素养维度	平均值	标准差
1	英语口语流利	4.62	0.58
2	英语发音标准	4.60	0.63
3	英语教学能力强	4.57	0.61
4	具有宽广的知识面	4.47	0.71
5	教学中敢于创新	4.44	0.70
6	不懈追求职业学习的精神	4.40	0.74
7	引领学生专业成长	4.34	0.74
8	掌握英语国家文化与习俗知识	4.34	0.78

从表 7.7 可以发现，在学生眼中，高校优秀英语教师专业素质体现在英语口语流利（平均值=4.62）和英语发音标准（平均值=4.60）。这可能是因为作为一门外国语言，其特殊学科性特点要求英语教师必须要有流利的英语口语和标准的英语发音，不仅能为学生提供良好的语言模范，而且教师规范的英语口语也会成为学生语言输入的重要组成部分，成为学生可以模仿学习的丰富

英语语料。所以，标准流利的英语口语是一名优秀英语教师专业素养的基础。

第一，上述定量研究结果，在参加定性研究叙事框架问卷调查的典型学生群体中，也得到印证。在定性研究所采集的 45 份有效叙事框架问卷中，与流利口语和标准发音相关的词语“英语口语流利”和“英语发音标准”分别出现了 5 次和 7 次。这些优秀教师扎实的英语语言基本功给学生留下深刻印象，引领了他们的专业发展方向。

“最重要的是，作为一名教授英语语音的老师，他的口语发音标准流利，给学生很舒服的感觉，让学生有想学好这门课程的决心，这更让我觉得他很优秀。”（第 21 号叙事故事）

第二，定量数据分析还发现，优秀教师英语教学能力强（平均值=4.57，见表 7.7）。教学能力是教师传授语言知识、解答学生语言问题、培养学生语言交际能力的助推力。相反，缺乏较强教学能力的教师，无论英语口语和专业知识多么扎实，也不可能取得良好的教学效果。所以，也就不难理解学生最认可“为师”的优秀特质在于优秀教师具有很强的英语教学能力。

这一定量研究结果也在学生的叙事中得到印证。在学生叙事中，与英语教学能力强相关的高频词是“教学”，而与教学相关的高频词则是高校优秀英语教师“教学水平高”“教学方法灵活”“教学方式新颖”以及“教学内容新鲜有趣”等，共出现 27 次。这正如参加叙事框架问卷调查的一名学生所描述的那样：

“××老师的优秀，不仅仅是她优秀的英语口语能力，还有她的教学水平。”（第 5 号叙事故事）

第三，定量数据分析的另外一个发现，就是高校优秀教师宽广的知识面（平均值=4.47）、教学中敢于创新（平均值=4.44）和不懈追求职业学习的精神（平均值=4.40），这些也得到了学生的广泛认同（见表 7.7）。

这是因为高校优秀英语教师渊博的知识不仅能使他们在教学中游刃有余，而且能够激发学生对知识的渴望，取得良好的课堂效果。此外，他们在教学中不断创新，对专业知识不断学习的精神也激励学生努力学习，追求卓越和创新。

以上定量研究结果在学生的叙事分析结果中得到印证。在学生叙事中，与教师宽广知识面相关的高频词是“知识”，出现的频次共有 44 次。在描述教师专业知识时，学生使用了这一优秀教师群体“具有超凡的专业知识”“专业知识非常厉害”以及“专业知识绝对过关”等词语。优秀教师掌握了丰厚的专业知识，使得他们在教学过程中不囿于课本知识的讲授，很自如地“在讲解的过程中为我们穿插许多课外的知识”，补充了大量新鲜有趣的知识，“她精力充沛，每节课都分享给我们有关英语的最新知识和信息”。这正如参与叙事研究中的一名学生所描述的一样：

“老师 PPT 准备的内容不仅包括课本基础知识，还有她自己找资料补充上去的课外相关拓展知识，十分新颖有趣。”（第 6 号叙事故事）

第四，优秀英语教师能够引领学生专业成长（平均值=4.34），同时掌握英语国家文化（平均值=4.34）。这也从另一方面证明优秀英语教师凭借其丰厚的专业知识，能更好地引领学生专业成长，这一定量数据结果也在叙事分析结果中得到了印证。

在学生叙事中，高校优秀英语教师之所以能够引导他们的专业成长，是这些优秀教师群体扎实、丰厚的专业知识和技能给学生提供了学业“帮助”（出现频次 9 次）和“指导”（出现频次 4 次），成为学生学业道路上的指路人和领导者，培养学生学习的“灵性”，并陪伴他们的学业成长。一名大学生深情描述他遇到的一位优秀英语教师：

“上大学后，我遇到过一位优秀的英语老师。在那时，我们怀着对未来的憧憬，来到了科大，开始了我们新的旅程。她是我们的第一位综合英语老师。在第一节综合英语课上，在她的引领下，班里的每一个人开始做自我介绍。就这样，在她的陪伴下，大家从最初的陌生到后来的相识相知。在我眼中，她之所以优秀，是因为她十分了解班里每一位同学的英语水平，并采用不同的方式提高同学们对英语的兴趣，以此让同学们学到更多知识。在她的课堂上，我们仿佛都有了灵性。同时她对课堂的规划十分周密，每节课都有细致的规划。”（第 43 号叙事故事）

此外，作为一名优秀英语教师，宽广的知识面必然包括对英语国家文化的掌握与了解。因为学习英语语言的过程，不仅是掌握英语语言知识的过程，更是了解英语国家文化的过程。换言之，教师掌握与了解英语国家文化不仅能在课堂上吸引学生注意力，提高学生学习兴趣，更能增强学生在未来职场上的生存力和发展力。所以，不难理解学生对高校优秀英语教师在引领学生专业成长和掌握英语国家文化方面的普遍认同。

综上所述，定量研究和叙事研究相互印证，学生视角下的高校优秀英语教师均具有深厚的专业素养，这是高校优秀英语教师素质体系极其重要且不可缺少的第二个维度。在这一维度上，高校优秀英语教师具有扎实的语言基本功、较强的教学能力和宽广的知识面。他们敢于创新和不懈追求的专业精神与对英语国家文化的掌握与了解，吸引了学生的注意，并引领学生的专业成长。

（3）维度三：鲜活的个人魅力分析结果。“传道、授业、解惑”的最终目标是为社会培养“完人”。所以，高校优秀英语教师在履行“传道、授业、解惑”职责的同时，在与学生互动交流的教育过程中，也十分注重情感教育，这充分彰显了高校优秀英语教师“为人”的个人魅力，这种鲜活的个人魅力引导学生全面健康的成长。

表 7.8 教师鲜活的个人魅力维度排序

排序	教师个人魅力	平均值	标准差
1	尊重学生	4.62	0.57
2	有很强的与学生沟通的能力	4.52	0.66
3	和蔼可亲	4.49	0.67
4	课下能够与学生进行平等的思想和情感交流	4.46	0.70
5	幽默风趣	4.45	0.69
6	充满活力与激情	4.45	0.70
7	与学生有朋友似的师生关系	4.43	0.74
8	关心学生	4.40	0.68
9	人格魅力吸引学生	4.38	0.73

在对教师鲜活个人魅力的描述性定量统计分析中发现（见表7.8），学生对高校优秀英语教师所具备的鲜活的个人魅力这一维度具有高度认同，这一维度中的所有小项平均值均高于 3（“不知道”）和 4（“同意”）。这说明参加问卷调查的学生普遍认为，高校优秀英语教师群体在与学生课堂内外互动交流中展示了教师鲜活的个人魅力。

由表 7.8 可以看出，由于学生深深感受到了高校优秀英语教师尊重学生（平均值=4.62）、有很强的与学生沟通的能力（平均值=4.52）以及和蔼可亲（平均值=4.49）的品格，所以这三项很自然地排在了教师所具备的鲜活个人魅力的前三位。这表明学生认同教师和学生是一个和谐的互动交流的社会团体。在这个特殊的互动交流团体，即教育环境中，尊重他人是人与人交往的基础，只有尊重他人，人与人才能和谐相处。很自然，师生关系应是平等的人与人之间的关系，在这种平等的交往过程中，高校优秀英语教师需要有很强的沟通能力，做到和蔼可亲。

这一定量研究结果同样也在学生叙事中得到印证。在学生叙事中，与教师个人魅力相关的高频词为“耐心”（18 次）、“鼓励”

（17 次），与“和蔼”（22 次）相近的词有“慈祥”“温和”“亲切”等（见表 7.5）。一名同学在她的叙事中做如下描述：

“在我眼中，她之所以优秀，是因为她和蔼可亲，总是面带微笑，把我们当作她的朋友。”（第 9 号叙事故事）

此外，还有基于“尊重”（7 次）的、“融洽”（4 次）的“朋友”或亦师亦友（11 次）的师生关系，如同学生所描述的一样：“良好的师生关系是学生和老师相互尊重形成的。”正是由于教师尊重学生，学生才愿意亲近教师，愿意与教师进行交流，并与教师建立起深厚的师生情谊。

“经过一个学期的相处，我们已经非常了解对方并且有了深厚的感情，但是这个时候她却要退休了。我们在上完最后一节综合英语课之后一起去校门口拍了合照。”（第 27 号叙事故事）

在表 7.8 教师鲜活的个人魅力维度排序中，排在第四位的是课下能够与学生进行平等的思想和情感交流（平均值=4.46）。在叙事研究中，学生也在他们的叙事中表达了渴望与教师进行课上、课下的思想和情感交流。

“如果其他老师能和这位英语老师一样严格要求学生，同时关心学生更加具体的学习问题，拉近师生距离，学生的成绩和学习态度、热情等都会提高。”（第 6 号叙事故事）

“我们也希望老师们可以多多和学生进行线下交流，让学生和老师可以对彼此有更深的了解。”（第 15 号叙事故事）

由此可见，量表数据统计结果和叙事框架的定性数据分析结论相互印证，这说明当代大学生视角下的高校师生关系，不仅仅是传统的教与学的关系，更多的是学生与教师进行平等交流的社会个体间的关系，体现了当代大学生期望教师给予他们人文关怀，彰显了现代课堂的社会性特点。

“如果老师能把学生看作朋友或孩子，而不仅仅是师生关系，我觉得同学听课会更加有劲头，不会感觉只是在配合老师听课，

否则会有一些抵触感。”（第 9 号叙事故事）

正是学生基于教师作为社会个体的看法，学生高度认同高校优秀英语教师在与学生相处和授课时所展现出的个人魅力，并在教师鲜活个人魅力维度排序表中，分别排在了第五、六、七位。这在学生的叙事中得到充分体现：

“他语言风趣幽默，让我们感到课堂氛围很轻松，学习知识更快。”（第 1 号叙事故事）

“在我眼中，她之所以优秀，是×老师鼓励我们学习并有决心教好我们，我喜欢她的自信。”（第 30 号叙事故事）

学生之所以认同优秀教师这些鲜活的个人魅力，很可能是由于他们年轻、富有朝气的年龄特点。所以，教师幽默风趣，充满活力与激情的个性特点，不仅能吸引学生注意力，活跃课堂气氛，还能激发学生学习英语的兴趣，促进学生英语学习积极性的提高。

在叙事研究中，虽然关心学生（平均值=4.40）和人格魅力吸引学生（平均值=4.38）排在了最后两位，但这两项的平均值也远远超过了 4（“同意”）。这充分说明学生希望教师能够关心他们，并用教师的人格魅力引导他们成为“完人”，实现学业和做人的成功。

这一定量研究结果在学生的叙事中也得到印证。“关心”学生相关的近义词“想着”“关爱”出现的频次共计 13 次，在关心、帮助学生学习和生活的同时，以人格引导他们学会如何做人。

“最让我们喜欢他的原因还有，他不仅仅是传道、授业、解惑，而且常常对我们进行心理辅导，开导我们，劝告我们要努力学习，刻苦奋进，珍惜今天的时光。”（第 8 号叙事故事）

“老师很注重挖掘我们的个人潜力。老师时刻想着我们，在她去听座谈会的时候，会把有用的东西收集起来发给我们，尽量让我们多学一点东西。老师们的良苦用心能让我们感觉得到。”（第 33 号叙事故事）

综上所述，量表的定量数据统计结果和叙事框架问卷的定性数据分析结论相互印证，均显示出学生视角下的高校优秀英语教师鲜活的个人魅力，这也是高校优秀英语教师素质中不可缺少的第三个维度。在这一维度上，学生眼中的高校优秀英语教师尊重学生，具有很强的与学生沟通交流的能力；他们和蔼可亲，关心学生，幽默风趣，充满活力和激情，课堂内外与学生进行平等的思想和情感交流，成为学生的良师益友，并以个人魅力吸引学生，率先垂范，培养学生做人的优秀品格。所以，在学生视角下的高校优秀英语教师是作为“社会个体”的个性特点和作为“教师”的职业特点的和谐统一。

第二阶段辅以叙事框架问卷定性研究的定量研究结论，进一步印证了第一阶段的研究结论，即学生视角下，高校优秀英语教师素质是由教师深厚的专业素养、鲜活的个人魅力和崇高的师德素质构成的。

小结：将学生视角下的高校优秀英语教师素质特点与教师和研究者视角下的相关研究（吴一安，2005；史耕山、周燕，2009）进行比对，发现两种视角下的高校优秀英语教师素质特点既有相同之处，也有诸多不同。学生与教师、研究者同时强调优秀英语教师深厚的专业素养、崇高的师德素质和教师的专业学习与发展，说明两者在优秀英语教师素质的“为师”层面观点一致。

不同之处在于学生视角下高校优秀英语教师的“为人”层面。学生对教师作为社会个体所展示的个人魅力的重视，说明作为教学过程主要参与者的学生，对优秀英语教师的素质特点有着独特的视角和不同的感受，同时有与教师平等相处、互动交流的诉求。此研究结果不仅丰富了教师视角下高校优秀英语教师素质的研究（吴一安，2005），而且支持了学生视角下高校优秀英语教师素质的试调查结论（展素贤、李肖，2013），印证了课题第一阶段的研究成果。

7.3 验证高校优秀英语教师教学能力体系

7.3.1 高校优秀英语教师素质体系量表的信度

1. 高校优秀英语教师教学能力体系量表

如前所述（见第六章），第一阶段定性研究结论表明，在学生视角下，高校优秀英语教师的教学能力体现在：教学目标上，他们注重培养学生的语言交际能力、思辨能力和独立学习能力；教学内容上，他们能够超越课本，补充英语国家文化、习俗知识并与他们的经历和见闻相结合，特别是与学生实际生活和社会现象相联系；课堂教学模式上，他们能够创设轻松、活泼、开放的课堂氛围，教法灵活，因材施教，实现了师生间的互动交流。为验证这一研究结论，围绕定量研究的第二个研究问题（详见第五章及表 5.1），即学生视角下的高校优秀英语教师是否在教学目标、教学内容和教学模式三个维度具有较强的教学能力。

为此，研究者编制了高校优秀英语教师教学能力体系量表（参见附件 5），即调查量表的第 3 部分最后问题选项和调查量表的第 4 部分。量表包括两部分内容：第一部分是关于“高校优秀英语教师教学能力强”的选项，期望得到学生关于高校优秀英语教师教学能力的总体看法；第二部分列举了高校优秀英语教师很强的教学能力在教学目标、教学内容和教学模式三个维度上的具体体现，共有 11 个选项，要求学生在李克特五级量表中做出选择（1=很不同意，2=不同意，3=不知道，4=同意，5=非常同意）。

2. 量表的信度检验

为验证教学能力量表、量表中三个变量及各自下属分变量的信度，研究者对上述变量进行了克朗巴哈系数检验，确认了其内部一致性（见表 7.9）。教学能力量表的总体信度为 0.90，说明总体信度优秀，表明量表内 11 个小项的调查内容与调查目标“高校优秀英语教师很强的教学能力”之间有较高的内部一致性。

表 7.9　教学能力量表信度与各构成要素信度系数表

变量和分类变量	项目数	有效个案数	信度系数（Alpha）
教学能力总变量	11	956	0.90
教学目标	3	959	0.78
教学内容	4	960	0.82
教学模式	4	960	0.83

从表 7.9 可清楚地看出，教学能力量表的三个维度，即教学目标、教学内容和教学模式的 α 系数分别为 0.78、0.82 和 0.83，均超过了 0.70 的可接受信度值，表明教学能力的三个构成要素与它们各自下属的小项（相对应的教学行为）之间有较高的内部一致性，即教学能力量表的各构成要素的信度也比较高。

7.3.2　教学能力及其相应的教学行为之间的相关性

为检验教学能力强和教学能力量表中的教学行为特点是否相关，研究者对调查量表第一部分有关“一名高校优秀英语教师教学能力强”的数据和第二部分所设计的教学能力三个维度下的教学特点进行了皮尔逊 r 相关系数检验（见表 7.10）。

从表 7.10 可以看出，教学能力强与教学目标维度下的注重语言交际能力（r（960）=0.47，$p<0.05$）、注重思辨能力（r（959）=0.34，$p<0.05$）和注重独立学习能力（r（959）=0.34，$p<0.05$）均存在正相关关系。

教学能力强与教学内容维度下的教师补充英语国家文化（r（961）=0.34，$p<0.05$）、联系学生实际生活（r（959）=0.39，$p<0.05$）、

结合教师见闻和经历（r（960）=0.35，p<0.05）、联系社会现实（r（961）=0.39，p<0.05）之间存在正相关关系。

表 7.10 教学能力强与教学目标、教学内容、教学模式间的相关性

项目	教学目标			教学内容				教学模式			
	注重语言交际能力	注重思辨能力	注重独立学习能力	补充英语国家文化	联系学生实际生活	结合教师见闻和经历	联系社会现实	师生互动交流	活泼开放的课堂氛围	灵活多样教学方法	因材施教
Pearson Correlation	0.47（**）	0.34（**）	0.36（**）	0.34（**）	0.39（**）	0.35（**）	0.39（**）	0.45（**）	0.42（**）	0.43（**）	0.40（**）
Sig. (2-tailed)	0.000	0.000	0.000	0.000	0.000	0.000	0.000	0.000	0.000	0.000	0.000
N	960	959	959	961	959	960	961	960	960	961	961

注：** Correlation is significant at the 0.01 level （2-tailed）.

教学能力强与教学模式维度下的四个小项，即师生互动交流（r（960）=0.45，p<0.05）、活泼开放的课堂氛围（r（960）=0.42，p<0.05）、灵活多样的教学方法（r（961）=0.43，p<0.05）、因材施教（r（961）=0.40，p<0.05）均存在正相关关系。

从以上分析可以看出，教学能力强与教学目标、教学内容和教学模式的各小项之间均存在着显著的正相关关系。如前所述，由于教学目标（α 系数=0.78）、教学内容（α 系数=0.82）与教学模式（α 系数=0.90）均与所属小项之间有较强的一致性，所以教学能力强与教学目标、教学内容和教学模式这三个维度之间存在着正相关。这就说明在学生视角下，高校优秀英语教师很强的教学能力是由教学目标、教学内容和教学模式三个维度组成的。

在对高校优秀英语教师教学能力量表进行信度检验以及验证教学能力和教学行为之间的相关性基础上，在定量数据统计和分析过程中，基于 SPSS17.0 统计软件，对所采集的有效定量数据进行了描述性分析和统计学处理，从统计学角度得出如下的研究结果；同时，叙事框架定性数据分析结论也对结果进行了印证与丰富。

7.3.3 结果一：高校优秀英语教师教学能力很强是“事实”

在定量数据统计过程中，研究者首先对量表第一部分有关“一名高校优秀英语教师教学能力强”的数据，进行了描述性分析。

分析发现，在参加量表调查的学生中，除去一个缺省值外，绝大部分学生同意高校优秀英语教师具有很强的教学能力，其中61.0%的学生非常同意、35.8%学生同意。仅有 1%的学生不同意（0.7%）或者很不同意（0.3%）。可见，从学生视角看，高校优秀英语教师具有很强的教学能力，这是他们优秀专业素质的一个重要部分，这一研究结论也在学生的叙事分析中得到印证。

“在我眼中，她之所以优秀，不仅仅是因为她优秀的授课能力，还有她的善良与慈祥。”（第 12 号叙事故事）

在学生叙事话语中，“教学”这一词汇共出现了 27 次。而在学生话语体系中，当他们在总体描述教师优秀的教学能力时，他们多使用“优秀的授课能力”、优秀的“教学水平”或“教学方法”等。下面这名学生的叙事，生动形象地描述了学生话语体系中的高校优秀英语教师很强的教学能力。

“自她给我们上了第一节课起，我就知道，她是一名优秀的老师。老师分为很多种，只要是能成为老师的人，他们就必定具有较强的专业知识。但是，有的老师能把它们“倒”出来，而有的老师却像没有嘴儿的茶壶。我知道它里面一定装了许多‘金茶叶’，而我却不知道这个‘金茶叶’到底是什么滋味。我的老师就属于前一种。我总觉得这样的老师，才能真正称得上‘老师’。就拿我们英语专业来说，她教给我们：阅读完一篇文章，要做到能写下它的 summary（概要）。这真的是一个锻炼英语思维能力的好方法。最重要的是，她尊重并听取每一个学生的意见和建议，我觉

得我们和她共同构成了课堂。我不知道怎样才能表述她的优秀，以及我对她的喜欢。”（第 38 号叙事故事）

可见，量表调查的定量数据统计结果和叙事框架的定性数据分析相互印证，进一步阐释并形象描述了高校优秀英语教师所具备的深厚专业素养的重要部分——他们有着超强的教学能力。这也充分说明在我国当下高等教育改革背景下，拥有一大批受学生喜爱的高校优秀英语教师。他们教学精湛，对学生学习和做人起到了很好的引导、指导作用，并受到广大学生的普遍认可。在新时代倡导“以本为本”、打造“金课”、追求高等教育新理念的现实背景下，具有很强教学能力的高校英语教师为新时代教育理念的实施奠定了坚实的师资基础。

7.3.4 结果二：高校优秀英语教师很强教学能力表现维度的验证

为了更好地回答定量研究的第二个研究问题（参见表 5.1），研究者在定量研究数据统计中，对问卷第二部分的数据进行了描述性分析，即高校优秀英语教师在教学目标、教学内容和教学模式三个维度的具体表现。同时，调查量表的定量数据统计和叙事框架问卷的定性数据分析相互印证，进一步验证了第一阶段的定性数据分析结论。

1. 维度一：教学目标

在定量数据统计中，通过对教学目标下的 3 个小项进行描述性分析发现（见表 7.11），培养学生的语言交际能力、独立学习能力和思辨能力的平均值均高于 3（“不知道”）和 4（“同意”）。这充分说明学生均经历并感受到：高校优秀英语教师在教学目标上注重培养学生的语言交际能力、独立学习能力和思辨能力。

表 7.11　教学目标的教学特征

分类小项	平均分	标准差
注重培养学生语言交际能力	4.55	0.64
注重培养学生独立学习能力	4.43	0.67
注重培养学生思辨能力	4.35	0.74

从表 7.11 可以看出，高校优秀英语教师在教学中注重培养学生的语言交际能力得到了学生的普遍认同（平均值=4.55），表明教师在其教学实践中，注重开展各种教学活动，以提高学生语言交际能力。同时，学生也认为高校优秀英语教师注重培养了自己的独立学习能力（平均值=4.43），这说明高校优秀英语教师认识到学生自学能力在今后的生活和工作中的重要性。所以，在教学过程中，以培养学生独立学习能力为目标，开展一系列学生能够感受到的提高他们独立学习能力的教学活动。尽管注重培养学生的思辨能力（平均值=4.35）被排在了最后，但其平均值仍大于 3（“不知道”）和 4（“同意”），说明学生普遍认同高校优秀英语教师注重学生思辨能力的培养。

以上这些定量数据统计结果也在学生的叙事分析中得到印证和阐释。这些优秀教师在教学目标上，采用多种教学方法或教学方式，旨在培养学生独立学习能力、语言交际能力和思辨能力。学生深刻感受到教师的目的，并锻炼了自己这些方面的能力。一名学生在他的叙事中，描述了一名优秀英语教师如何采用鼓励教育方式培养学生的独立思考能力。

“给我印象最深刻的一件事是×老师教学严谨，采用鼓励式教育，让我敢想敢说，独立思考，不过分依赖于课本和权威。”（第 44 号叙事故事）。

此外，这些高校优秀英语教师也会在课上、课下创造很多机会鼓励学生使用英语表达自己的观点和看法。一名同学在叙事中描述了的如下教学场景：

“有一次我上讲台做课堂展示，写的是一篇课文总结。当我在台上紧张地读完后，老师问了我几个问题，我想用中文回答，而他鼓励我说英语，在他的提示和帮助下，我第一次用英语完成了问答。”（第 1 号叙事故事）

在定性研究回收的 45 份有效叙事框架问卷中，“思考”“讨论”或“辩论”被学生各提及了 8 次，描述这些优秀英语教师如何在课堂内外给学生提供学习资源，提出开放性问题，为学生提供独立思考和辩论的机会。

“老师在课堂上留给学生们思考的时间与空间，作为引导者为我们指明方向，以专业的知识为我们解惑。”（第 28 号叙事故事）

“不仅如此，她总是会针对课堂内容提一些开放性问题，给学生提供思考与交流的机会。”（第 31 号叙事故事）

“在课堂上，她会随时提出问题，所以大家都必须认真听课来回答问题。她的问题都是让人去思考的，她会分组进行讨论，每组轮流上台对问题的回答进行展示。在展示过程中，她会认真倾听完每位同学的叙述，并在结束后予以鼓励和讲评。在课外，她会分享很多论文、资料以供我们学习参考，也会组织大家对这些资料进行讨论，并以作业的形式让同学们完成对这些论文的自我思考，让大家更加理解这些资料。”（第 37 号叙事故事）

以上叙事故事中，学生根据教师所采用的不同策略，叙述并展示了高校优秀英语教师为激发学生独立思考和思辨能力所采取的教学方法和教学策略，以实现他们所确立的培养学生思辨能力的教学目标。

综上所述，定量研究和定性叙事框架研究结论相互印证表明，学生心目中的高校优秀英语教师所具备的高超的教学能力首先体现在他们符合英语教学发展和学生发展需求的教学目标上，他们在各自的教学过程中，无论课内还是课外，通过使用各种教学资源、教学手段和教学策略，鼓励学生敢于用英语交流，学会用英语思考、参与辩论，不仅给学生留下了深刻的印象，而且这些教学目标也被学生深深感受到了。

实际上，教育部早在十多年前就已明确提出高校英语教学的目标，是培养学生的英语综合运用能力、思辨能力和独立学习能力（高等学校外语专业教学指导委员会英语组，2000；教育部高等教育司，2007）。特别是在当前高等教育改革背景下，教育部在2018年颁布的《普通高等学校本科专业类教学质量国家标准》也明确要求并强化了对大学生英语学习能力的培养要求，“外语类专业学生应具备外语运用能力、文学赏析能力、跨文化交流能力、思辨能力，以及一定的研究能力、创新能力、信息技术应用能力、自主学习能力和实践能力”（教育部高等学校教学指导委员会，2018）。

可见，高校优秀英语教师在培养目标的确立上不仅与教育部确立的英语教育的培养目标一致，而且也符合社会建构论教学观指导下的注重培养学生的思辨能力和独立学习能力的教学实践（Williams & Burden，2000）。

2. 维度二：教学内容

在定量数据统计中，通过对高校优秀英语教师教学能力在教学内容上的体现的描述性分析（见表7.12），发现在教学内容维度下的4个小项平均值均高于3（“不知道”）和4（“同意”）。这说明，高校优秀英语教师在教学内容上，能够与学生实际生活相联系，能够与社会现象相联系，能够补充英语国家文化、习俗知识，能够与教师经历和见闻相结合，且高校优秀英语教师很强的教学能力在教学内容上的这些表现受到学生普遍认可。

表 7.12 教学内容的教学特征

分类小项	平均值	标准差
能够与学生实际生活相联系	4.43	0.70
能够与社会现象相联系	4.43	0.68
能够补充英语国家文化、习俗知识	4.40	0.72
能够与教师经历和见闻相结合	4.39	0.72

从表 7.12 可以看出，高校优秀英语教师在教学内容上最能得到学生认可的一条就是他们能够做到不囿于课本并超越课本，与学生实际生活相联系（平均值=4.43）。这说明高校优秀英语教师在课堂教学中，所传递的教学内容不仅仅局限于课本，而是能够超越课本，从学生已有的生活经验和知识背景出发，将教学内容与学生的实际生活相联系。这也充分体现了高校优秀英语教师能够在社会建构论指导下，在教授新知识的同时能够把新知识与学生已有的生活体验和知识结合起来（Williams & Burden，2000）。

同样，在学生视角下，他们也高度认同高校优秀英语教师的课堂教学内容注重新知识与社会现象的联系（平均值=4.43）。这说明，高校优秀英语教师在教学内容上，能够在学生原有知识和经验基础上，将新知识与现实生活相联系，折射了优秀英语教师回归社会、回归生活的教学状态，体现了优秀英语教师能够在社会建构论指导下，将课堂延伸到社会环境，体现了英语教学的社会性和开放性特点。

这一定量数据统计结果也在学生的叙事中得到了验证和阐释。在学生叙事中，学生反映高校优秀英语教师授课都能超越课本内容，采用鼓励教育，鼓励学生“独立思考，不过分依赖于课本和权威”。课堂上教师基于课本内容，采用了更多的开放性问题。“不仅如此，她总是会针对课堂内容提出一些开放性问题，给予学生思考交流的机会。”（第 31 号叙事故事）提出一些与学生实际生活和现实生活相联系的开放性问题，激发并培养学生的独立思考能力，通过生动有趣的思想交流让学生建构新知识，获取新知识。

“给我印象最深刻的是，上课时老师能够从学生实际出发，适当缓和课堂气氛，充分调动学生学习的积极性，使学生能够更好地学习。”（第 8 号叙事故事）

正是因为学生认可英语课堂的社会性、开放性特点，所以学生普遍认可高校优秀英语教师在课堂上能够超越课本，补充英语国家文化、习俗知识（平均值=4.40），使学生在学习英语知识的同时，了解英语国家的文化和历史。同时，高校优秀英语教师一般都能将课堂授课内容与教师自己的经历和见闻相结合（平均值=4.39），这也从另一层面体现了高校优秀英语教师的课堂教学与现实生活紧密结合的教学行为。

这一定量数据统计结果同样也在学生的叙事中得到验证和阐释。在叙事中，学生反映高校优秀英语教师能超越课本内容，或通过教师本人的英语学习经历鼓励学生对学习英语树立信心，或通过自己的见闻鼓励学生对自己未来的职业和人生做好规划。

“对学生既耐心又细心，总会给予我们鼓励和支持，与我们分享她的学术研究和经验，给我们信心和知识。”（第 13 号叙事故事）

此外，在学生的叙事中，他们希望更多高校优秀英语教师在课堂上“多多介绍英美文化，营造英语学习气氛”，以及“在日后的教学中更多地讲述国外的文化”，以加深他们对异国文化的理解和赏析，拓展他们的文化视野。

综上所述，无论是定量数据分析还是定性叙事描述，学生对高校优秀英语教师在课堂授课上超越课本，并将教学内容与实际生活的各个层面相联系，均持高度认可的态度。高校优秀英语教师在教学中能够做到扩展课本内容，使教学内容真正走入社会，与学生实际生活紧密联系，这也正是社会建构论教学观所倡导的（Williams & Burden，2000）。

3. 维度三：教学模式

在定量数据统计中，通过对高校优秀英语教师教学能力在教学模式上的体现的描述性分析（见表 7.13），发现在教学模式维度下的 4 个小项的平均值均高于 3 （“不知道”）和 4（“同意”）。这说明高校优秀英语教师在教学模式上能够创设轻松、活泼、开放的课堂氛围，能够做到师生间互动交流，教学方法灵活多样并注重因材施教，受到学生的普遍认可和喜爱。

表 7.13 教学模式的教学特征

分类小项	平均值	标准差
能够创设轻松、活泼、开放的课堂氛围	4.60	0.62
能够做到师生间互动交流	4.49	0.63
教学方法灵活多样	4.44	0.69
能够做到因材施教	4.44	0.71

从表 7.13 可见，高校优秀英语教师很强的教学能力在教学模式上首先体现为他们够创设轻松、活泼、开放的课堂氛围（平均值=4.60）。众所周知，轻松、活泼的课堂有利于学生学习，而开放的课堂则使师生情感交融、配合默契，激发学生思维。所以，对学生来说，轻松、活泼、开放的课堂气氛非常重要。

这一定量统计结果在学生的叙事中得到进一步验证和阐释。在学生叙事中，学生反映他们在优秀英语教师的课堂上感觉轻松、没有压力，“In her class，I will not feel much pressured or anxious because she is easy to get along with”（第 36 号叙事故事）。并且，学业能够感觉到融洽和谐的课堂学习氛围，“在她的课堂上，我感觉氛围很融洽和谐”（第 23 号叙事故事）。

正是在这样轻松、活泼、开放的课堂学习氛围中，学生的思维得以激发，感觉语言学习不再是一件痛苦的事情，而是一件趣事，并在不知不觉中习得了新知识。

“上大学后，我遇到一位优秀的老师。我觉得他之所以优秀，是因为他上课能带动课堂氛围和我们的思维。他的上课方式很灵活，不死板，比如他经常给我们分享自己的趣事，有时讲到都快下课了，但是我们都很开心!”（第 11 号叙事故事）

此外，学生还普遍认可高校优秀英语教师能够在课堂上做到师生间互动交流（平均值=4.49）。这表明优秀英语教师在教学过程中，尊重学生在教学中的主体地位，教学方式新颖，注重学生的课堂参与，并在与学生思想和情感互动交流的过程中，帮助学生构建新的知识体系。这一定量发现也在学生的叙事故事中得到很好的阐释和印证。

“在我眼中，他之所以优秀，是因为在课堂上，老师讲授方式新颖，通过 PPT 向我们展示英语写作的风采。这不同于传统‘老师讲，同学听’的教学方式，而是不断与同学互动，向同学们提问，让同学们在一问一答中掌握所学知识。”（第 40 号叙事故事）

以教师为中心的传统课堂教学的最大弊端是教师侧重知识的传递与接收，忽视师生间的情感交流、互动交往。正如以上学生叙事中所描述的一样，学生所体验的优秀英语教师的教学模式与传统课堂教学模式不同。可以说高校优秀英语教师的教学模式是关系教育学理论观下的教学方式，这种教学方式超越了传统教学模式在知识层面的传递与接收，更注重师生间的情感交流和思想碰撞。而这一现代课堂教学模式之所以深受学生喜爱，正是因为这样的教学模式能够激发学生的独立思考，在互动交流、解决问题中，建构新的知识体系。

“她把课本上的知识讲得很有趣，提出一些比较主观的开放性问题，既活跃了课堂气氛，双引导我们独立思考，在有趣的课

堂互动中把知识潜移默化地教给我们。”（第 9 号叙事故事）

在学生视角下，除了对高校优秀英语教师轻松、活泼、开放的课堂氛围以及互动交流的教学模式高度认同外，他们认为高校优秀英语教师能够采用灵活多样的教学方法（平均值=4.44），并针对学生各自的学习特点和个体差异，能够做到因材施教（平均值=4.44）。换言之，创设轻松、活泼、开放的课堂氛围，正是由于优秀英语教师采用了灵活多样和因材施教的教学方法。高校优秀英语教师的这些教学模式特点密切联系、不可分割。这在学生叙事中也得到了很好的阐释，同时也印证了定量研究所析得的有关教学模式的研究结论。

“在我眼中，她之所以优秀，是因为她的教学方法和教学态度。在课堂上老师很重视我们的课堂参与度，她会给我们很多的发言机会，比如让我们读一小段话，让我们自己阐述对于某个问题的看法，而不仅仅是‘老师一直讲，我们一直听’。在课堂外她会给我们布置一些作业，比如让我们反复修改一篇自己写的文章。刚开始我觉好麻烦，但后来事实证明老师是对的，这样我们可以写得更好。老师很注重挖掘我们个人的潜力。老师时刻想着我们，她去听座谈会时，会把有用的东西收集起来发给我们，尽量让我们多学一点东西。老师的良苦用心我们可以感觉到。”（第 33 号叙事故事）

在这位学生的叙事中，他认为他的老师优秀，是由于老师严谨的教学态度和灵活、个性化的教学方法。在课堂内外注重学生的参与，培养学生的独立思考能力，挖掘学生个人潜力，这些教学方法的采用使学生受益匪浅。

综上所述，高校优秀英语教师教学模式上的这些特点充分体现了社会建构主义教育思想（Williams & Burden，2000）：视教育环境为一个互动交流的社会团体，在轻松、活泼、开放的社会团体内，教师通过灵活多样的教学方法，不仅做到了师生间以及学生间的互动交流，更为重要的是关注学生的个体需求和差异。

小结：在学生眼中，他们所遇到的高校优秀英语教师均具有很强的教学能力。在他们心目中，这是高校优秀英语教师素质不可缺少的重要组成部分。这一发现，和已有的教师和研究者视角下的高校优秀英语教师素质相关研究结论基本相同（吴一安，2005；孙有中等，2018）。

尽管如此，本研究和已有研究又有不同之处。在学生视角下，高校优秀英语教师的很强的教学能力，更多地体现在他们能够创设轻松、活泼、开放的课堂内外教育环境。在这一特殊专业学习环境中，教师作为社会个体，将他们的生活经历和体验带入课堂，基于课本知识但又不囿于课本知识，将新知识与学生的生活体验和现实社会结合起来，通过提出开放性问题，激发拓展学生思维，通过思想和情感的交流与碰撞，使学生体会到学习的快乐，在快乐中建构新的知识体系，提升学生的英语综合能力和思辨能力。

可见，学生话语中的高校优秀英语教师很强的教学能力已远远超过“视教学为技术性、科学性活动”这一科学主义哲学视域下的教育观，更多体现了科学主义与人文主义从对立到融合的高等教育观，即教师应在课堂内外创设、利用各种教育契机，通过个体存在与学生进行认知、思想、情感的互动交流，促进学生的学业成长，使他们更好地服务社会。

8. 主要发现与讨论

8.1 研究回顾

在国内外二语和外语教师教育研究中，研究者多从教师发展促进者的视角探究优秀二语和外语教师素质特点，而从学生视角探究高校优秀英语教师素质特点的研究相对匮乏。然而，学生才是教师课堂上“输出”授课内容的直接“消费者”和受益者，他们对课堂上教师的输出内容和输出方式有着最直接、最真实、最强烈的感受，对教师的“输出”有着最终的发言权。现代教育理念下，学生在整个教育过程中早已不是被动的接受者，而是教学过程的主要参与者，并在教学过程中与教师形成了密切的教育和人际关系。从这个意义上讲，从学生视角观察、分析、凝练出的优秀教师素质，才是最真实、最可靠、对教师专业发展有指导和借鉴意义的理论体系。正因如此，本研究认为，从学生视角所观察、提取、凝练、析得的优秀教师素质，才是教师教育研究和教师素质提升的最终归宿。

有鉴于此，从学生视角探究高校优秀英语教师素质特点，在很大程度上弥补并丰富了有关教师素质和教师发展的理论与实践。特别是在新时代我国高等教育改革的背景下，在当前倡导构建高素质、专业化、创新型教师队伍的话语体系下，研究学生视角下的高校优秀英语教师素质特点更具有理论和现实意义。

本研究在科学主义和人文主义两大哲学思潮融合的趋势下，从交叉理论视角，视高校为一个特殊的学习共同体，在这特殊共同体中，师生之间形成了特殊的教育和人际关系。从这一理论视角出发探究学生视角下高校优秀英语教师素质特点，进而构建学生话语体系中高校优秀英语教师素质体系，为当前高等教育改革所倡导的回归教育初心、打造“金课堂”提供理论和实证数据支持。

为实现以上研究目标，本研究拟解决一个核心研究问题，即学生视角下高校优秀英语教师的素质特点是什么？为有效解决这一问题，研究者在两个阶段分别采用先定性，后定量定性相结合的混合研究范式对这一问题进行了较深入的研究。在第一阶段，研究者采用定性研究回答了本研究的核心问题，初步构建了学生视角下高校优秀英语教师的素质体系和高校优秀英语教师教学能力体系。在第二阶段，为验证第一阶段定性研究的两个主要研究结论，研究者围绕这两个主要研究结论确立了两个主要研究问题，首先通过量表调查采集了定量数据，同时以叙事框架问卷的形式采集了定性研究数据，通过定量数据统计和定性数据分析，形成三角互证，共同验证了第一阶段定性研究结论。

在第一阶段定性研究和第二阶段定量定性的混合研究过程中，研究者采集了大量的定性、定量研究数据，并对这些数据进行了科学系统的分析，在定性研究和定量研究相互补充、相互印证的基础上，构建了学生视角下高校优秀英语教师素质体系和高校优秀英语教师教学能力体系，实现了本研究的研究目标。

8.2 主要发现

本研究有以下两个重要发现。

8.2.1 学生视角下高校优秀英语教师素质体系的构建

学生视角下的高校优秀英语教师素质体系，主要由教师高尚的道德素质、深厚的专业素养和鲜活的个人魅力三个维度构成，揭示了高校优秀英语教师在“为师”和“为人”层面的优秀特质与品格。

第一，在道德素质层面，高校优秀英语教师爱岗敬业，精心备课，精心批改学生作业；做到了治学严谨，对每一位学生负责，并严格要求学生；在道德层面为学生传递“正能量”，成为他们人生道路上的榜样。

第二，在专业素养层面，高校优秀英语教师专业基础扎实，英语发音标准，口语流利；具有宽广的知识面，熟悉英语国家的文化与习俗，教学能力强；教学中勇于创新，保持学习激情，在专业知识方面成为学生的学习标杆，引导学生专业成长，成为学生的学业“引路人”。

第三，在个人魅力层面，高校优秀英语教师和蔼可亲，关心学生，与学生有朋友般的关系；尊重学生人格和个性差异，有很强的沟通能力，课下能够与学生进行平等的思想和情感交流；他们幽默风趣，充满活力与激情，以人格魅力吸引学生，成为学生的良师益友。

从学生视角构建的高校优秀英语教师素质的三个维度可以看出，高校英语教师是优秀“职业人”和具有个性魅力的“社会个体”的结合体。这些高校优秀教师，在与学生共同组成的学习共同体内（包括课堂环境、学校环境和课外社会环境），通过与学生的沟通、互动和交流，不仅与学生分享了语言和人文知识，更为重要的是分享了他们对人生和异国文化的体验，体现了科学主义和人文主义哲学观融合过程中视教师为“全人”的教师教育观。

具体而言，在学生视角下，一名高校优秀外语教师除了具备教师视角下"职业人"应具备的职业素养外，他们还是一个鲜活的"社会个体"。作为学习共同体中的社会个体，高校优秀英语教师注重塑造学生人格，注重教育培育"完人"的教育功能，他们自身又有着引导学生成为"完人"的"人格魅力"。这也正符合现代教师观所倡导的以下观点：教师专业发展基于教师"人"的发展，基于教师在自己生存的职业环境和生活环境中与他人互动交流。

8.2.2　学生视角下高校优秀英语教师教学能力体系的构建

学生视角下的高校优秀英语教师首先具备一名"职业人"应具备的职业素养，他们道德高尚、专业素养深厚，特别是有着很强的教学能力。他们的教学能力体现在教学目标、教学内容和教学模式三个维度上，本研究也进一步揭示了高校优秀英语教师很强的教学能力在这三个维度上的具体体现。

在教学目标上，高校优秀英语教师注重培养学生的语言交际能力、独立学习能力和思辨能力，使学生受益匪浅。

在教学内容上，高校优秀英语教师基于课本但又不囿于课本，能超越课本知识，将知识与学生实际生活、社会现象相联系，补充英语国家文化、习俗知识，并与教师经历和见闻紧密结合。这些鲜活、真实的学习资源帮助学生学会思辨并建构了新的知识体系。

在教学模式上，高校优秀英语教师创设轻松、活泼、开放的课堂氛围，注重师生互动交流，采用灵活多样和个性化的教学方法，充分挖掘了学生的个性潜力，激发学生思维，鼓励学生独立思考，锻炼了他们的语言交际能力和独立思考能力。

进一步将本研究结论与教师视角下高校优秀英语教师教学能力的研究结论进行对比（吴一安，2005），发现教师视角下高校优秀英语教师教学能力的构建，主要基于教师内隐的教学知识体系，而本研究中学生视角下的高校优秀英语教师教学能力则主要表现在教师作为“社会个体”与学生进行知识、思想和情感的有效互动交流上。

8.3 理论贡献

本研究的主要贡献有以下四点：

第一，从学生视角补充了高校优秀英语教师素质理论体系，诠释了扎根中国土壤的高等英语教育改革语境中的教师素质建构。

在已有研究中，研究者多从教师、研究者或教师发展促进者视角探究高校优秀英语教师素质特点，基本上忽略了教育过程的主体，或者说教育过程的主要参与者——学生的话语和体验，忽略了教师素质提升的终极指向和终极目标。

一方面，本研究在科学主义和人文主义相融合的理论指向下，从学生视角，构建了学生话语体系中的高校优秀英语教师素质体系，弥补了已有高校英语教师素质研究之不足，从“为师”和“为人”层面，构筑了更加完善的高校优秀英语教师素质体系。其理论意义具体体现为：从研究者和教师视角，从外语教师职业观和职业道德、外语教学观、外语学科教学能力以及外语教师发展观四个维度构建的高校优秀外语教师素质体系（吴一安，2008），已不能完全涵盖当代大学对外语教师素质的要求；而从教师课堂“输出”授课内容的直接“消费者”和受益者、教学过程的主要参与者、在教学过程中与教师形成了密切的教育和人际关系的学生视角所发现的，优秀英语教师良好的语言沟通策略和社交能力，以及在与学生进行互动交流时所散发的鲜活、“流动”的个人魅力，也应该成为高校优秀英语教师素质体系不可缺少的一个重要方面。

另一方面，由于本研究将高校优秀英语教师素质研究置于我国新时代所倡导的高校教育改革语境和建设高素质、专业化、创新型教师队伍建设的话语体系中，研究结论所构建的新时代大学生眼中的高校优秀英语教师素质体系，符合我国当前所倡导的高校教师素质观和创建高素质、专业化与创新型的教师队伍观，特别是在实证层面诠释了我国学者在“人学”基础上提出的我国新时代教师（包括高校英语教师）应具有的“全专业”属性，即“既具有现代科学主义基础的知识逻辑的科学性，又具有人文主义传统基础的人性逻辑的人文性”（朱旭东，2017）。

第二，丰富了教师教育理论，特别是英语教师教育理论研究。

一方面，在科学主义哲学范式指导下，从学生视角，构建了教师“为师”的专业知识理论和教师教学能力理论；另一方面，在人文主义哲学范式观照下，从学生“真实”生活经历出发，丰富了教师“为人”的社会个体特点。

第三，补充并丰富了已有的英语教师发展理论。

在已有研究中，研究者多从教师、研究者或教师发展促进者视角探究优秀英语教师素质特点，并在此基础上探究教师专业发展内容及教师发展途径，却在一定程度上忽略了学生视角下教师发展内容及路径探究。

本研究从学生视角构建的高校优秀英语教师素质体系和教学能力体系，不仅丰富了高校英语教师发展内容，而且为教师专业发展提供了路径，进一步补充、丰富和完善了我国已有的英语教师发展理论。

第四，丰富了学习共同体理论。

本研究结果表明，高校优秀英语教师在与学生构建的学习共同体中，以其“为人”的品格以及“为师”的特质，通过与学生相互影响、相互作用和互动交流，影响、陪伴了学生的学习和生活，引导着学生的进步与成长，相对以往学者强调的教师间的学习共同体，视教师与学生间互相影响、互动交流、共同进步的关系为学习共同体成员间的关系，是对学习共同体理论的丰富与发展。

8.4 实践启示与建议

本研究结论从学生视角补充完善了高校优秀英语教师素质理论体系，丰富了我国教师教育，特别是外语教师教育理论研究和学习共同体理论，对高校外语教师、高校教育管理者和外语教师专业发展促进者带来一些有益的实践启示。

8.4.1 对高校外语教师教学实践的启示与建议

第一，本研究结论为高校外语教师在日常的教学实践中提供了以下三个方面的借鉴。

一是教学能力的提升。高校英语教师在其教学实践中，应多接触一些新的教学理念，多听一听来自学生的声音，要与时代共进，不应故步自封，要自觉地融入建设高素质、专业化、创新型教师队伍的时代洪流中。在现代教学观、社会建构主义理论、社会团体理论等多种理论指导下，以学生为中心，注重在教学目标、教学内容和教学模式三个方面提升教学能力。

二是教学目标上，高校英语教师应注重语言的交际性，培养学生的语言交际能力；还应超越语言教学本身，视英语教学为人文学科，在教学过程中培养学生的思辨能力和独立学习能力。

三是为实现教学目标，教师的教学内容就必须超越课本，及时补充与丰富教学内容。将新知识的讲解与学生原有的知识体系和生活经验、现实生活联系起来。通过教师的切身经历，帮助学生提高独立探究新知识、构建新知识的能力。

这就要求教师努力摆脱以课本为中心、以教师为中心的教学模式，将课堂教学延伸到广阔的社会实际生活，营造轻松、活泼、开放的教学环境。注重与学生进行思想、情感、语言的互动交流，通过沟通、交流以及灵活多样的教学方法和教学策略，了解学生需求和个性差异，做到因人施教、因材施教，从而有效地提高学生语言交际能力、思辨能力和独立思考能力。

而教师要提升自己的教学能力，必须努力提高自己的专业素养，重点丰富自己的教育教学知识和英语学科专业知识，培养教育专业精神。在重视科研，努力成为“研究者”的同时，应首先成为教学能力强的“教学者”。唯此，学生才能在教师的引导下，通过独立探究、思辨创新和语言、情感交流，从被动接受语言知识的学习者转变为主动探究语言真谛的行动者。

第二，高校英语教师应努力提高个人魅力与素养，自觉完成从科学主义视野下的“工匠”向科学主义和人文主义融合下的“社会人”的蜕变。从学生视角发现，优秀英语教师良好的语言沟通策略和社交能力以及在与学生进行互动交流时所散发的鲜活、“流动”的个人魅力，是高校优秀英语教师素质体系的一个重要部分。

所以，传统意义上的“教书匠”已不能满足当代大学生对高校英语教师的基本要求，不能满足当代大学生视角下的高校优秀英语教师素质观。从社会文化生态学和教育生态学的观点看，当代教师不能仅仅把课堂当作传授知识的殿堂，而应把它看作与学生进行互动交流、互相学习、共同成长的社会文化环境。当今的中国大学生也不是被动吸收教师所传授的知识和思想的群体，他们是一个个有着丰富思想、观点各异的鲜活个体。他们渴望与教师进行基于平等和尊重的互动交流，在教师的引导和启发下，主动创造和构建新的知识体系，与教师分享自己的思想和学习经历。

高校英语教师在注重自我学习和专业发展的同时，应在现代教育观的引导下，努力营造开放互动的英语教育环境，最大程度地实现与学生在思想、学习和生活上的沟通与交流，成为学生的良师益友。同时还应注重提高自己作为社会个体在学习团体内良好的语言沟通策略和社交能力，以实现教师作为“社会个体”引导学生成为“完人”的教育过程中所发挥的独特作用。

在培养“完人”的过程中，教师本人应通过内省，不断地进行学习，在教学科研实践中大胆创新、超越自我（牛明福、李翔，2010)，从而提升自己鲜活的人格魅力，引领学生走向“完人”。

第三，教师应追求自我发展。教师要获得自我发展，不仅需要具有学生视角下的高校优秀英语教师素质特点，更重要的是要了解自我，了解自己赖以生存的教学环境和社会环境，包括课堂环境、学校环境和社会环境。在完成自己的教学任务的基础上，明确自己生活的意义，这样才能真正领悟大学的实质，进而获得自我发展的内驱力。

为此，高校教师不仅应有作为“职业人”的职业素养，更重要的是要了解“自我”。在教师专业发展过程中，不仅要获得教学知能的发展，更要追求自我发展。这是因为作为内驱力的自我发展，会促使教师以“全人”的状态存在，不断追求知识以外的精神和情感层面的成长；同时，也会促进教师自主、自愿、自觉、持续地追求个人和集体专业学习，不断进行实践反思和自我调整，从而使教师在获得自我专业成长的同时，个人魅力也得到提升。

从这个意义上讲，教师自我发展是一个专业发展的过程，是在其教育实践活动中逐渐形成并发展起来的。

8.4.2 对教育管理者和教师发展促进者的建议

本研究结论为教育管理者和教师发展促进者提供了以下四方面的建议。

第一，外语教师教育体系的构建。为更好地促进高校外语教师专业发展，教育管理者和教师发展促进者在构建当今外语教师教育（含职前和在职）体系过程中，不仅要强调专业知识和教学能力培养，还要追求高校外语教师教学能力的提升。在完善从事外语教学的教学知识体系的基础上，应注重外语教师良好的语言沟通策略、社交能力和教师个人魅力的培养，以发挥教师作为“社会个体”，在“为友”的个性层面引导学生成为“完人”的独特作用。

第二，促进教师专业发展的内容和途径。高校教育管理者和教师发展促进者在考虑当前高等教育改革环境下提升教师专业素质，促进教师专业发展，建设高素质、专业化、创新型教师队伍时，应在教师作为“职业人”和“社会个体”两个层面上，探究促进教师专业发展的内容和途径。

因此，在教师专业发展内容和途径上，教师专业发展促进者在帮助教师接受专业知识与技能的同时，应重点考虑如何引导教师提升自我，彰显个人魅力，激发教师自我发展的内驱力。

第三，教师专业学习共同体的建立与维系。无论是教育管理者还是教师发展促进者均意识到教师及其职业发展在高校教育改革和教学中的重要作用。所以，在当前高等教学改革环境中，各高校为实施教育改革、促进教师专业发展，同时也为提升学校在社会中的影响力，制定并实施了比较严格的教师评价体系（周燕，2008）。但在这一评价体系中，一方面，教师要建设以学生为中心的开放、互动的教育生态课堂（崔婧婧，2014）；另一方面，教师又肩负着学校所要求的一定数量的科研任务。所以，教师面临着教学和科研的双重压力。但是，在我国长久以来所形成的孤独的教师文化中，教师缺乏足够的外部支撑环境，致使教师感觉到职业不稳定、孤独，甚至会产生职业倦怠（周燕，2008）。在这种评价体系所营造或影响的高校环境中，尽管大部分高校教师（包括高校外语教师）有专业发展需求，但其动力主要来自教师“外在”

的各种教学科研评价。换言之，教师的专业发展是“被牵引”的，教师缺乏自主、自愿、自发的“内驱力”驱动其专业发展。

我国高校外语教师，如同其他学科教师一样，存在着相似的专业发展问题：教师知识体系不完善，教师非自愿、自主追求专业发展（周燕，2008；展素贤，2015；Tao & Gao，2017）。这些问题一直是教育改革的“瓶颈”。因此，如何促进教师专业学习和教师专业发展，是我国教师发展促进者和教育改革决策者应着力解决的问题。

在我国现行高校教师专业发展模式中，尽管有多种形式的正式或非正式教师发展项目，但理论与实践相脱离的仅仅注重教师外在技能的“培训”模式（鱼霞、毛亚庆，2004）和受苏联影响的教研室模式仍然占主导地位，而这种模式有诸多弊端，实践证明它不能有效促进教师专业发展。同时，高校现有的教研室模式常被研究者批评为“人为的集体合作”（展素贤、郑佳，2010）。尽管组织这样的“集体合作”初衷是好的，但其本身未能摆脱“强迫”之嫌，教师未必自愿进行合作。所以，此类合作不仅不能促进教师专业发展，反而有可能会成为教师发展的“绊脚石”。也就是说，尽管教研室在一定程度上促进了教师间的合作与交流，但这种交流是流于形式的，教师间没有进行深层次交流。教师倾向于被迫进行职业学习，而非创新、自觉地学习。

教师专业学习共同体，作为有效教师专业发展项目的活性机体，在其有效运行过程中，能为教师营造合作交流的群体文化，促进教师专业发展（展素贤、郑佳，2010）。所谓教师专业学习共同体是指教师在群体实践中，不断进行个人和集体学习，不断进行个人和群体反思实践，通过分享和交流来实现教师发展的群体自愿组织形式（DuFour，2004）。研究证明，在专业学习共同体内，教师间能够分享教学和科研愿景，在相互支持和合作交流中分担责任，集体对教学和科研负责，并支持教师各自的教学和科研实践。同时，真正意义的教师专业学习共同体，能够使教师有归属感，使教师真正平等，自愿参加与交流合作。

所以，在我国高校教育实践中，教育管理者和高校教师发展促进者，应鼓励教师自发、自愿建立教师专业学习共同体，设法保护和维系这一共同体的发展。唯此，教师才能够在集体合作的文化氛围中，通过合作、互动、交流，进行有效的个人反思，并成功实现教学理念、知识体系与教学实践的整合，真正实现高校教师的自愿、自主发展。

第四，完善我国现行高校外语教师评价体系。从学生视角看高校优秀外语教师和外语教学，学生认为高校优秀英语教师深厚的专业素养体现在他们扎实的学科专业知识、宽广的相关学科知识和很强的英语学科教学能力上。特别是高校教师教学能力是教师素质的核心内容，对学生知识的习得和能力的培养起着关键作用。几乎没有学生谈及当前我国高校教师评价体系中教师在科研方面的表现，例如学术论文发表多寡优劣、学术项目和学术获奖数量与层次等。

相反，在我国现行高校外语教师评价体系中，教师的职称评定、工资水平和相关的福利待遇等在很大程度上与教师的科研成果挂钩，即主要用简单的数量统计方法，根据教师所立科研课题的级别和多寡、发表论文的层次和数量来评价教师优秀与否，重科研、轻教学的现象比较普遍（张应强，2010），在以科研为导向的教师评价体系的强力牵引下，高校教学的中心地位已受到严重挑战。

由此可见，我国当前以科研为导向的教师评价体系对教师专业发展的强力牵引和学生视角下高校优秀英语教师的素质特点是相互矛盾的。换言之，本研究的学生视角下高校英语教师素质特点的结论，与当今教育管理者和教师评价者视角下的高校优秀英语教师的评价标准，是有很大不同的。所以，在现行的教师评价体系中，教育管理者和教师发展促进者，应注重科研与教学的平衡，引导教师在教学方面的专业发展上下功夫，真正基于学生需求，为学生服务，“回归大学之道”（德里克·博克，2012），回到大学所应有的基本教育功能——教学功能。

此外，本研究结论也为当前各高校所使用的网上评教系统带来诸多启示。为了体现学生对教学的反馈，促进外语教学，教师评价体系应建立在学生视角下高校优秀外语教师素质体系的两大维度上——教师的“职业性”特点和教师的“社会个体”特点，既要给学生提供机会评价教师作为“职业人”的职业道德层面、专业素养层面以及教师专业发展层面，又要让学生有机会评价教师作为“社会个体”的个性特点，特别是教师的个人魅力层面。唯此，当前的高校外语教师评价结果，才能更为真实地反映学生的心声，从而真正激励并促进教师专业发展。

所以，教育管理者和教师发展促进者应探讨更为完善的教师评价体系，将对高校英语教师科研能力的评价与学生视角下的高校英语教师应具备的优秀素质特点结合起来，这样才能促使高校外语教师在重视科研、努力成为“研究者”的同时，首先成为学生认可的优秀“教学者”和学生喜爱的有鲜活个人魅力的“朋友”。

8.5 研究局限和未来研究建议

8.5.1 研究层面的扩展

本研究仅关注了学生视角下高校优秀英语教师素质特点，其中一个重要发现是，学生视教师为生活在真实社会场景的“个体”，在研究层面上还需要进一步扩展。

未来研究者应在教育生态学视角下，扩大外语教师素质以外的研究。例如，研究者在研究外语教师或者其他学科教师时，应着重关注其生活经历、专业发展环境与教师专业发展和学生学业成长之间的相互影响、相互作用的关系，关注教师如何看待自己，如何与学生互动交流，关注教师如何从一个社会个体成为一个教师专业学习共同体中的教师。

8.5.2 研究对象的扩大

尽管在外语教师群体中，英语教师占有绝对优势，但英语以外的其他外语教师也有一定数量，仅考察学生视角下高校优秀英语教师素质体系还不能反映高校所有优秀外语教师素质特点。

所以，高校优秀英语教师素质特点和高校其他外语教师素质特点的异同值应进一步研究，以真正了解高校所有外语教师的专业发展。

8.5.3 推广性研究

尽管本研究采用定性和定量相互补充、相互印证的研究范式，构建了学生视角下高校优秀英语教师素质体系，研究手段可谓系统、有序、科学，但信息提供者均来自我国较发达的天津市，这一结论是否适于其他发达或欠发达地区，尚待考证。由于经济、文化发展对地区的教育水平有一定的制约作用，这势必会影响教师素质和学生对优秀教师素质的看法。

所以，期待我国其他地区研究者，例如西部地区和中部地区研究者采用多样的实证研究手段，去验证本课题所得的研究结论。

8.5.4 应用性研究

本研究的总体研究目标是通过实证手段构建学生视角下高校优秀英语教师素质理论体系。但课题的实际应用价值，也就是本课题通过混合研究范式所析得的高校英语教师素质理论体系，能够在多大程度上促进职前、在职教师的专业发展？以此为依据，当前高校外语教师评价体系能够在多大程度上引导教师的专业发展？如何将本研究结论融合到高校外语教师专业发展内容和途径之中，才能更有效地提升教师专业素质，促进教师专业发展？这些问题的解决，本研究均未涉及。

未来研究者需要采用更多合适的实证研究手段，例如基于特定教育场景的个案研究，或在真实社会环境中所进行的实验研究，去进一步探讨本研究所没有解决的问题。

9. 结　语

在我国新时代高等教育改革背景下，在国家、学校、家长和学生对高质量高等教育的期盼中，重谈高素质高校外语教师队伍建设是一个永不过时的话题，这一课题研究背后简单但又充足的研究理据就是“有好的教师才有好的教育”。

学生作为教育之所以发生的一个重要因素，理应参与到教育变革、教师研究和教师专业发展研究之中。基于此考虑，本研究从科学主义和人文主义相融合的哲学范畴，采用交叉理论视角，用定性和定量相结合的研究范式探究了学生眼中，以及他们教育经历中所遇到的高校优秀英语教师素质特点，以期构建学生视角下高校优秀英语教师素质体系，为创建高素质、专业化、创新型教师队伍提供理论和实证支持。

这是一次以学生为中心的教学理念的科研实践。

本研究的重要发现在于，学生视角下的高校优秀英语教师素质特点，折射了科学主义和人文主义相融合的哲学思潮下的教师“全人”特点，支持并丰富了专业学习共同体理论，强调了教育这一特殊的学习共同体的存在。在这一共同体中，师生通过有效的认知、情感和语言交流，实现了知识、思想和情感的交流，丰富了关系教育学理论内容。在学生眼中，教师已超越教师视角下和教师发展促进者视角下的传统“教书匠”形象，他们视教师为一个个真实、鲜活的生命体，作为真实的“人”在教育现实世界与学生共同成长，在促进学生全面发展的同时，也促进了教师专业的发展和个人魅力的提升。

所以，教师专业发展也不再单纯是教师对专业知识、教学技能的掌握与运用，而是在与学生共同成长的学习共同体内，重构教学文化——重建以关注生活和关怀生命为教学价值观、以尊重人的主体地位和主体人格为学生观、以构建民主平等和谐融洽的师生关系为师生观、以强调学生的创造性能力和实践能力培养为教学策略观的主体性教学文化新形态，进而完成学生视角下教师作为“职业人”和“社会个体”两个层面的提升，实现“四个回归”，打造“金课”，以适应高等教育改革的时代要求，打造新时代高素质、专业化、创新型的教师队伍。

这也许就是教师在新时代教育改革中的关键所在。

参考文献

1. Ajayi L. How ESL teachers' sociocultural identities mediate their teacher role identities in a diverse urban school setting. Urban Review: Issues and Ideas in Public Education,2011(43): 654-680.

2. Beijaard D, Meijer P & Verloop N. Reconsidering research on teachers' professional identity. Teacher and Teacher Education, 2004 (2): 107-128.

3. Creswell J W. Research Design: Qualitative, Quantitative and Mixed Method Approaches (2nd ed.). Thousand Oaks, Calif.: Sage, 2003.

4. Darling-Hammond Linda. Teacher education around the world: What can we learn from international practice? European Journal of Teacher Education, 2017(3): 291-309.

5. DuFour R. What is "professional learning community?". Educational Leadership, 2004 (8):6-11.

6. Freeman S A. What constitutes a well-trained a modern language teacher? Modern Language Journal, 1941:25-26.

7. Hooks B. Teaching to Transgress: Education as the Practice of Freedom. London: Reed Business Information, 1994.

8. Johnson K & Golombek P R. The Transformative power of narrative in second language teacher education. TESOL Quarterly, 2011(3): 486-509.

9. Johnson K & Golombek P R. Mindful L2 Teacher Education:

A Sociocultural Perspective on Cultivating Teachers' Professional Development. New York: Routledge, 2016.

10. Pajares M F. Teachers' beliefs and educational research: Cleaning up a messy construct. Review of Educational Research, 1992(62): 307-332.

11. Richards J C. Selected Works of Jack C. Richards on Applied Linguistics. Beijing: Foreign Language Teaching and Research Press, 2010.

12. Richards Jack C & Thomas S C Farrell. Professional Development for Language Teachers: Strategies for Teacher Learning. Cambridge University Press, 2005.

13. Senge P M. The Fifth Discipline: The Art and Practice of the Learning Organization (Rev ed.). London: Random House, 2006.

14. Schön D A. The Reflective Practitioner: How Professionals Think in Action. New York: Basic Books, 1983.

15. Shulman L S. Those who understand: knowledge growth in teaching. Educational Researcher, 1986 (2): 4-14.

16. Strauss A & Corbin J. Basics of Qualitative Research: Techniques and Procedures for Developing Grounded Theory. Thousand Oaks: Sage Publication, Inc, 1998.

17. Stronge J H. Qualities of Effective Teachers. Alexandria, Virginia: Association for Supervision and Curriculum Development, 2007.

18. Tao, J, Gao X. Teacher agency and identity commitment in curricular reform. Teaching and Teacher Education, 2017(63):346-355.

19. Tashakkori A & Teddlie C. Mixed Methodology: Combining Qualitative and Quantitative Approaches. Thousand Oaks: Sage,

1998.

20. Tsui A. Complexities of identity formation: A narrative inquiry of an EFL teacher. TESOL Quarterly, 2007(4): 657-680.

21. Van Lier L. The Ecology and Semiotics of Language Learning: A Sociocultural Perspective. Dordrecht: Kluwer Academic Publishers, 2004.

22. Wenger E. Communities of practice and social learning systems. Organization Articles, 2000 (2): 225-246.

23. Widdowson H. Selected works of Henry Widdowson on Applied Linguistics. Beijing: Foreign Language Teaching and Research Press, 2009.

24. Williams M & Burden R L. Psychology for Language Teachers. Beijing: Foreign Language Teaching and Research Press, 2000.

25. Woods D. Teacher Cognition in Language Teaching: Beliefs, Decision-making and Classroom Practice. Cambridge, England: Cambridge University Press, 1996.

26. Xu Shijing & Connelly Michael. Narrative inquiry for teacher education and development: Focus on English as a foreign language in China. Teaching and Teacher Education, 2009(25): 219-227.

27. 蔡基刚. 关于我国大学英语教学重新定位的思考[J]. 外语教学与研究（外国语文双月刊），2010（04）：306–308.

28. 蔡基刚. 高校外语界“金课”打造的标准和内容探索[J]. 浙江外国语学院学报，2018（06）：1–5.

29. 蔡基刚. 国家经济发展需求视角下的英语专业危机及其出路[J]. 当代外语研究，2018（06）：1–9.

30. 蔡基刚. 中国高校英语教育40年反思：失败与教训[J]. 东

北师大学报（哲学社会科学版），2017（05）：1-7.

31. 蔡基刚. 从语言属性看外语教学的工具性和人文性[J]. 东北师大学报（哲学社会科学版），2017（02）：1-6

32. 常俊跃.对《国标》框架下外语院校英语专业课程设置的思考[J]. 外语教学，2018（01）：60-64.

33. 陈宝生. 坚持以本为本 推进四个回归 建设国特色、世界水平的一流本科教育. http://www.edu.cn.

34. 陈向明. 质的研究方法与社会科学研究[M]. 北京：教育科学出版社，2000.

35. 辞海[M]. 上海：上海辞书出版社，1999：1778.

36. 崔靖靖. 大学英语该有何种教育生态[N]. 中国教育报，2014-08-20.

37. 戴曼纯，张希春. 高校英语教师素质抽样调查[J]. 解放军外国语学院学报，2004（02）：42-46.

38. 德里克·博克. 回归大学之道：对美国大学本科教育的反思与展望[M]. 侯定凯，等译. 上海：华东师范大学出版社，2012.

39. 邓小泉，杜成宪. 教育生态学研究二十年[J]. 教育理论与实践，2009（05）：12-16.

40. 董云川. 2016：中国高等教育观察[M]. 北京：科学出版社，2017.

41. 伏荣超. 学习共同体理论及其对教育的启示[J]. 教育探索，2010（07）：6-8.

42. 冯光武. 把握国标精神、找准学校定位、突出专业特色——《高等学校英语专业本科教学质量国家标准》的实施建议[J]. 外语界，2017（01）：2-6.

43. 高等学校外语专业教学指导委员会英语组. 高等学校英语专业英语教学大纲[M]. 上海：外语教学与研究出版社，2000.

44. 高雪松，陶坚，龚阳. 课程改革中的教学能动性与教师身份认同——社会文化理论视野[J]. 外语与外语教学，2018（01）：19-28.

45. 顾佩娅. 解析优秀外语教师认知过程与专业成长[J]. 外语教学，2008（3）：39-45.

46. 顾佩娅，古海波，陶伟. 高校英语教师专业发展环境调查[J]. 解放军外国语学院学报，2014（04）：51-58.

47. 顾佩娅，许悦婷，古海波. 高校英语教师专业发展环境叙事问卷的设计与初步应用[J]. 中国外语，2013（06）：88-95.

48. 顾佩娅，古海波. 在与环境的互动中成长：老一代优秀英语教师发展案例研究[J]. 外国语文研究，2015（03）：95-104.

49. 郭遂红. 基于教学情境的外语教师非正式学习与专业发展研究[J]. 外语界，2014（01）：88-96.

50. 郭燕，徐锦芬. 专业学习共同体对外语教师教学能力发展的影响研究[J]. 解放军外国语学院学报，2016（01）：104-112.

51. 韩刚，李青. 外语教学能力及其训练——有关高师英语教学法课程改革的实践与研究[J]. 外语界，1997（02）：7-14.

52. 胡存之. 超越科学主义与人文主义的对立——科学主义与人文主义悖论的人学批判[J]. 华中科技大学学报（社会科学版），2003（05）：21-25.

53. 胡慧闵，王建军. 教师专业发展[M]. 上海：华东师范大学出版社，2014.

54. 蒋洪新. 新时代外语教育改革的几点构想[J]. 外语界，2019（01）：13-16.

55. 蒋洪新. 新时代外语专业复合型人才培养的思考[J]. 中国外语，2019b（01）：1.

56. 蒋洪新. 关于《英语专业本科教学质量国家标准》制订的几点思考[J]. 外语教学与研究，2014（03）：456-462.

57. 姜勇. 论教师发展的“存在”之路[J]. 教师教育研究，2010

（01）：1-5.

58. 教育部高等教育司. 大学英语课程教学要求[M]. 北京：外语教学与研究出版社，2007.

59. 教育部高等教育司. 大学英语课程教学要求[M]. 上海：上海外语教育出版社，2007.

60. 教育部高等学校教学指导委员会. 普通高等学校本科专业类教学质量国家标准：上下[M]. 北京：高等教育出版社，2018.

61. 戴维·卡尔. 教育的意义[M]. 徐悟，译. 北京：中国人民大学出版社，2015.

62. 李晓博. 论教师研究中的叙事探究[J]. 深圳大学学报（人文社会科学版），2009（04）：147-151.

63. 林崇德，申继亮，辛涛. 教师素质的构成及其培养途径[J]. 中国教育学刊，1996（06）：16-22.

64. 刘宝存. 科学主义与人文主义大学理念的冲突与融合[J]. 学术界，2005（01）：50-63.

65. 刘铁芳. 大学文化建设：何种文化 如何建设[J]. 高等教育研究，2014（01）：11-16.

66. 陆晓红. 教师专业发展叙事研究——以美国外语/ESL 教师为例[D]. 华东师范大学，2012.

67. 牛明福，李翔.高校教育改革发展过程中教师人格魅力的提升[J]. 成功（教育版），2010（03）：161-162.

68. 帕克·帕尔默. 教学勇气：漫步教师心灵[M]. 吴国珍，等译. 上海：华东师范大学出版社，2005.

69. 彭伟强，朱晓燕，钟美华. 外语教师教育与发展研究：现状、思考与展望[J]. 外语界，2008（05）：38-45.

70. 任庆梅. 个案研究反思性教学模式在外语教师专业发展中的作用[J]. 外语界，2006（06）：57-64.

71. 史耕山，周燕. 老一代优秀英语教师素质调查[J]. 外语与外语教学，2009（02）：26-29.

72. 束定芳. 外语教学改革：问题与对策[M]. 上海：上海外语教育出版社，2004.

73. 孙晨红，张春宏，王睿. 教师专业化发展与教师成长[M]. 哈尔滨：东北林业大学出版社，2016.

74. 孙有中，张虹，张莲.《国标》视野下外语类专业教师能力框架[J]. 中国外语，2018（02）：4-11.

75. 陶丽，顾佩娅. 选择与补偿：高校英语教师职业能动性研究[J]. 外语界，2016（01）：87-95.

76. 王寰安. 高校实施教师聘任制的现状调查及政策建议[J]. 高等教育研究，2008（02）：22-28.

77. 王俊菊. 外语课堂环境下的教师学习研究[J]. 中国外语，2012（01）：56-63.

78. 汪明春. 教师教育综合素质教程[M]. 武汉：华中科技大学出版社，2016.

79. 王庆杰. 大学的那些事：教育教学生态论[M]. 北京：线装书局，2014.

80. 王守仁.《大学英语教学指南》要点解读[J]. 外语界，2016（03）：2-10.

81. 王守仁. 高校外语教师发展的促进方式与途径[J]. 外语教学理论与实践，2017（02）：1-4+15.

82. 王守仁，王海啸. 守正出新，推动大学外语教学内涵式发展——2013—2017 年大学外语教职委工作总结与思考[J]. 外语界，2019（02）：7-13.

83. 汪晓莉，胡开宝. 我国中部六省外语高等教育学科专业存在的问题调查[J]. 外语与外语教学，2011（01）：13-16+35.

84. 吴艳，陈永明. 教师专业发展[M]. 北京：高等教育出版社，2017.

85. 吴一安. 优秀外语教师专业素质探究[J]. 外语教学与研究，2005（03）：199-205.

86. 吴一安. 外语教师研究：成果与启示[J]. 外语教学理论与实践，2008（03）：32-39.

87. 夏纪梅. 大学英语教师的外语教育观念、知识、能力、科研现状与进修情况调查结果报告[J]. 外语界，2002（05）：35-41.

88. 肖川. 教育的方向与方法[M]. 北京：新华出版社，2016.

89. 徐锦芬，文灵玲. 论外语教师教育的创新研究[J]. 外语教学，2013（01）：52-55.

90. 徐锦芬，雷鹏飞. 社会文化视角下的外语课堂研究[J]. 现代外语，2018（04）：563-573.

91. 徐锦芬，程相连，秦凯利. 优秀高校英语教师专业成长的叙事研究——基于教师个人实践知识的探索[J]. 外语与外语教学，2014（06）：1-6.

92. 许悦婷. 大学英语教师在评估改革中身份转变的叙事探究[J]. 外语教学理论与实践，2011（02）：41-50.

93. 文秋芳，任庆梅. 探究我国高校外语教师互动发展的新模式[J]. 现代外语，2011（01）：83-90.

94. 文秋芳. 大学外语教师专业学习共同体建设的理论框架[J]. 外语教学理论与实践，2017（03）：1-9.

95. 卡尔·雅斯贝尔斯. 大学之理念[M]. 邱立波，译. 上海：上海世纪出版集团，2007.

96. 闫丽华，朱璐慧，展素贤. 学生视角下优秀高校英语教师素质探究[J]. 中国轻工教育，2012（05）：51-54.

97. 叶菊艳. 教师身份建构的历史社会学考察[M]. 北京：北京师范大学出版社，2017.

98. 叶澜，白益民，王枏，等. 教师角色与教师发展新探[M]. 北京：教育科学出版社，2001.

99. 鱼霞，毛亚庆. 论有效的教师培训[J]. 教师教育研究，2004，16（01）：14-19.

100. 于忠海. 教师教育的机理——与学生共生[M]. 成都：电子科技大学出版社，2014.

101. 张莲. 外语教师课堂决策研究——优秀外语教师个案研究[J]. 外语教学与研究，2005，37（40）：265-270.

102. 张莲. 高校外语教师专业发展的制约因素及对策：一项个案调查报告[J]. 中国外语，2013，10（01）：81—88+102.

103. 张培. 混合方法研究的范式基础与设计要素[J]. 中国外语，2010（4）：98-103.

104. 张翔. 困境与出路——教师教育 U-S 共生性合作问题研究[M]. 北京：北京师范大学出版社，2016.

105. 张应强. 大学教师的专业化与教学能力建设[J]. 现代大学教育，2010（04）：35-39+111.

106. 展素贤，郑佳. 教师职业学习团体：教师职业发展的有效途径[J]. 天津师范大学学报（基础教育版），2011（01）：5-8.

107. 展素贤，李肖. 学生视角下高校优秀英语教师素质与职业发展途径调查[J]. 英语教师，2013（09）：48-52.

108. 展素贤，闫丽华. 基于学生视角的高校优秀英语教师素质研究[J]. 山东外语教学，2015（02）：42-48.

109. 展素贤. 高校教师职业学习共同体的建立，维系与发展[M]. 天津：南开大学出版社，2015.

110. 赵丽娟. 跨世纪高校外语教师应具备的素质[J]. 外语与外语教学，1999（05）：51-53.

111. 仲伟合.《英语类专业本科教学质量国家标准》指导下的英语类专业创新发展[J]. 外语界，2015（03）：2-8.

112. 周燕. 高校英语教师发展需求调查与研究[J]. 外语教学与研究，2005（03）：206-210.

113.周燕. 中国高校英语教师发展模式研究[J]. 外语教学理论与实践，2008（03）：40-47.

114.朱旭东. 论教师专业发展的理论模型建构[J]. 教育研究，2014（06）：81-89.

115.朱旭东."高素质，专业化和创新型"教师内涵建构[J]. 中国教师，2017a（11）：14-17.

116.朱旭东. 教师教育思想流派研究[M]. 北京：北京师范大学出版社，2017b.

117.朱旭东. 论教师的全专业属性[J]. 教育发展研究，2017c（10）：1-7.

附件列表

编号	附件名称
附件 1	第一阶段定性研究的访谈提纲
附件 2	第一阶段定性研究的信息提供者的资料
附件 3	第一阶段定性研究的访谈实录
附件 4	访谈的定性数据分析（以 No.49 为例）
附件 5	第二阶段的调查量表
附件 6	第二阶段的叙事框架调查问卷
附件 7	调查量表发放的随机抽样的样本学校资料及问卷发放数量
附件 8	叙事框架问卷调查过程中所采集的四个学生叙事
附件 9	叙事框架答卷的三级编码的定性数据分析

附件 1

第一阶段定性研究的访谈提纲

__________同学：

您好！非常感谢您百忙之中能够抽出时间参与我们的访谈活动！

首先做一下介绍，我们是天津科技大学______，正在从事、参加一项有关高校优秀英语教师素质特点的研究。此项研究的目的是为了倾听学生的声音，从学生视角来探讨我国高校优秀外语教师的素质，以更好地服务高校英语教学与科研。

为了更好帮助我们倾听您的声音，请允许我们对这次访谈录音。请放心，录音内容仅有课题负责人及课题组成员可以接触到，所有内容仅作为科研资料。

如果我们在发表的文章中引用一些访谈内容，您的真实情况不会被公开，会用一个假名来代替您的真实身份。

谢谢您的支持与配合！

如果您准备好了的话，那我们就开始吧（开始录音）！

1. 请问，在您的大学生活中，您遇到过几位英语教师？

2. 那么，在这些英语教师中，您认为有几位优秀老师？

或者说：那么，您认为他/她是一位优秀的英语老师吗？

3. 在您眼中，高校优秀英语教师素质有哪些特点？

4. 请列举您眼中的一两位高校优秀英语教师，来进一步阐释您对高校优秀英语教师素质特点的看法。

5. 您眼中好的大学英语教学具有什么样的特点？

再次感谢您的合作，祝学习进步！生活愉快！再见！

附件 2

第一阶段定性研究的信息提供者的资料

学校序号	学生序号	学生姓名（假名）	学校	性别	年级	专业
1	1	李莉	南开大学	女	大二	物理学
	2	孟伟	南开大学	男	大三	英语
	3	王彤彤	南开大学	女	大三	英语
	4	刘伟	南开大学	男	大二	应用心理学
2	5	王涛	天津大学	男	大四	计算机
	6	孟俊	天津大学	女	大三	信息管理
	7	顾英	天津大学	女	大二	英语
	8	张立伟	天津大学	男	大二	英语
3	9	田晴晴	天津师范大学	女	大四	生物科学
	10	王红	天津师范大学	女	大三	英语
	11	张大刚	天津师范大学	男	大三	经济
	12	徐玮	天津师范大学	男	大二	英语
4	13	李小阁	天津美术学院	女	大三	美术
	14	王晗宇	天津美术学院	女	大三	美术
	15	王晓松	天津美术学院	男	大三	美术
	16	王铎	天津美术学院	男	大三	美术
5	17	霍玉芝	天津医科大学	女	大三	医学检验
	18	王敏宇	天津医科大学	女	大二	医学检验
	19	孙立伟	天津医科大学	男	大二	非英语专业
	20	徐秋雨	天津医科大学	男	大四	医学
6	21	崔立伟	天津外国语大学	男	大二	经济
	22	王倩倩	天津外国语大学	女	大二	信息系统与经济管理
	23	钱玉玉	天津外国语大学	女	大三	英语
	24	张超	天津外国语大学	男	大三	英语
7	25	于敏	天津商业大学	女	大三	金融
	26	朱玉梅	天津商业大学	女	大三	国贸
	27	商志伟	天津商业大学	男	大二	英语
	28	展翅	天津商业大学	男	大二	英语

续表

学校序号	学生序号	学生姓名（假名）	学校	性别	年级	专业
8	29	王强	天津理工大学	男	大四	物流管理
	30	于旺	天津理工大学	男	大四	物流管理
	31	孟伟	天津理工大学	男	大二	电气工程及自动化
	32	王萌	天津理工大学	女	大二	英语
9	33	林美丽	天津工业大学	女	大四	电信
	34	吴杰	天津工业大学	男	大二	机械工程及自动化
	35	王立伟	天津工业大学	男	大二	机械工程及自动化
	36	石玉芝	天津工业大学	女	大三	英语
10	37	王莹惠	天津城建学院	女	大三	地理信息系统
	38	吴志向	天津城建学院	男	大二	环境与市政工程
	39	易龙	天津城建学院	男	大二	环境与市政工程
	40	金秋	天津城建学院	女	大三	土木工程
11	41	王大力	天津民航大学	男	大二	统计
	42	李宇爽	天津民航大学	女	大三	材料物理
	43	吴于倩	天津民航大学	女	大三	安全
	44	王超	天津民航大学	男	大二	英语
123	45	蔡小伟	天津商业大学宝德学院	男	大三	金融专业
	46	卫青	天津商业大学宝德学院	男	大二	英语专业
	47	包影雨	天津商业大学宝德学院	女	大三	会计专业
	48	周慧聪	天津商业大学宝德学院	女	大二	英语专业
	49	郭慧慧	天津财经大学	女	大四	电子商务
	50	吴新月	天津财经大学	女	大三	日语
	51	王越	天津财经大学	男	大二	英语
	52	李晓杰	天津财经大学	男	大二	英语

续表

学校序号	学生序号	学生姓名（假名）	学校	性别	年级	专业
14	53	章彬海	天津职业技术师范大学	男	大三	英语
	54	李惠莲	天津职业技术师范大学	女	大三	英语
	55	陈宝军	天津职业技术师范大学	男	大二	非英语
	56	潘凤	天津职业技术师范大学	女	大二	非英语
15	57	王丽	天津科技大学	女	大一	英语
	58	张熙	天津科技大学	男	大三	英语
	59	韩慧	天津科技大学	女	大三	非英语
	60	黄曦	天津科技大学	男	大二	非英语

附件3

第一阶段定性研究的访谈实录

天津财经大学郭慧慧（No. 49，大四、女、电子商务）

A：研究者

G：受访对象郭同学

A：同学你好，很高兴你参加这次采访，我想问的第一个问题是，你在大学经历了几位英语老师？

G：大学期间只有一位英语老师。

A：你觉得这位英语老师优秀吗？

G：就我个人而言，我觉得她挺优秀的。在课堂上很会活跃气氛，而且很幽默，能带动学生跟她一起互动，学习内容要比其他老师丰富一些。

A：你觉得作为一名大学英语老师，她应该具备哪些方面的素质，才能称之为优秀的英语老师呢？

G：首先，我觉得优秀的英语老师应该有正确的人生观和价值观，这样才能够更好地引导学生。其次，教师的职业道德素质，比如善于与学生沟通交流、与人交往融洽、责任心强。

A：刚才你说到了很多点，你能不能具体地说一下，比如说责任心、职业道德等。你说老师应该有正确的人生观和价值观，这方面你能不能进一步解释一下，举个例子。

G：我觉得我更看重课堂气氛吧，老师应该有幽默感。

A：这个怎么说呢？

G：上课是一种“传教”的过程，要想让学生能够学到知识，首先要活跃课堂气氛，才能与学生沟通、交流，老师才能把自己所学的知识传授给学生，所以我觉得这点是最重要的。

A：你觉得这个老师要有幽默感，这样才能把课堂气氛带动起来。

G：这个特点是最重要的，当然其他方面也应该协调好。

A：除了这个以外，还有哪些呢？刚才你列举的那些，可以再具体谈一下吗？

G：老师要有很强的责任心。在教学当中，每个学生的特点都不一样，老师要因人施教，要观察每个学生的特点，发现他的特点，激发他的特长，这样才能培养出更好更优秀的人才。

A：你说教师的责任心，除了因材施教，还体现在哪些方面呢？

G：比如课堂教学进度和学生的理解能力，我觉得这两方面都应该体现。上大学之后，课堂作业比较少。上大学之前在课后的练习题上比较耗费精力，到大学之后明显少了，我觉得在课堂上就比较重要。

A：除了刚才讲的那两个方面，你可以再多说一些其他方面吗？你觉得，作为一名优秀的大学英语老师，她应该具备哪些方面的素质？

G：虽然每个学生的特点不一样，但应该公正地对待每一个学生，不能根据自己的主观臆想去对待某一个学生，或是特别关照某一个学生，我觉得这个公正还是挺重要的。

A：你觉得公正就是老师要平等地对待大家，还有哪些呢？你刚才提到师德，就是老师的职业道德，如老师的责任心、老师的幽默感。除了老师本身的知识素养，还有没有其他的要求？

G：就老师的个人能力来说，因为现在信息发展比较快，我学的是电子商务专业，在互联网方面可能接触得比较多一些，老师应该在互联网和计算机的利用方面有所提高，这样可以丰富课堂的教学形式，也能提高学生的注意力，或者说兴趣度吧。对教学有帮助，对老师来说也是能力的提升。

A：你们上课的时候，希望老师用英语授课还是怎么样？是口语多一点？还是教学内容多一点呢？

G：我们上课的时候老师会用英语和我们对话交流，针对某一部分问题找学生回答，也是用英语口语的方式。如果学生听不懂，比如某一个词比较有难度，她感觉你听不懂，她会及时用汉语和你交流，告诉你这个词是什么意思，带你理解这篇文章。

A：你说课堂上老师的授课内容是这样的，你是希望老师提高你们的口语能力，还是希望老师侧重一下四、六级的考试内容呢？

G：我觉得还是口语吧。因为口语好的话，考试应该也会好的。口语是你能表达出来的，这说明是记在心里、记在脑子里的。对于应试，比如现在的四、六级考试，因为中国实行的就是应试考试，但是如果让你去工作、去实践的话，还是口语相对来说比较重要。

A：所以你觉得大学英语考试应该更侧重培养口语水平。

G：我觉得课堂上的口语交流比较重要。

A：你刚才提到英语老师应该有责任心，你觉得除了责任心之外，比如耐心、关爱学生，类似这些有没有必要呢？

G：都比较重要吧。综合考虑起来，这是一个优秀的大学英语教师应该具备的全部特点吧。

A：有关耐心方面你能不能谈一下，你觉得你们当时的那个英语老师有耐心吗？

G：高考之后有三个月的假期，大家玩得比较疯。刚上大学，我觉得那时气氛比较活跃，但不是老师期望的那种活跃，那时大家学习的精神状态都没回来，老师还是比较有耐心的。课堂上比较吵，老师能够慢慢地把气氛调动回来，也算是耐心的一种体现吧。

A：老师课下与你们沟通交流的多吗？你希望老师与你们是一种什么样的交流状态？

G：英语老师课下很少与我们沟通交流，如果有什么问题的话可以去问她，她会留下联系方式，但是学生的主动性都比较低一点，也不会拿着问题去问老师的。我觉得老师应该充分利用聊天工具，建一个群，在群里面与学生沟通交流，这样比较好一点。

A：你觉得老师应该与学生建立一个有效的沟通机制吗？

G：学生的积极性太低，不会想着去问老师问题。

A：除了这些之外，你觉得大学老师有没有什么气质和魅力可以吸引你？

G：我觉得如果老师阅历丰富的话，她会自然地体现出来。她的谈吐会吸引你，让你不自觉地去模仿她。比如说口语的时候，你觉得她的英语口语发音非常好听，你就会慢慢地模仿她，虽然做不到很标准，但比以前的发音会好很多。

A：你的意思是这个老师应该阅历丰富一点。

G：她的阅历会体现在她的外在上，我觉得。

A：那你觉得一个大学老师的知识范围很重要吗？你有什么要求吗？

G：我们上课的时候，英语老师会将她去国外的一些经历带入到课堂当中，她并不是一门心思专注于课本上的知识，她会经常给我们放一些外国的影片，让我们去看、去听，然后去写一些观后感，我觉得这样会对学生比较好吧。

A：你觉得这个老师不会局限于课本知识，那么这个老师的教学能力怎么样呢？

G：教学能力的话，我觉得跟学生交流互动多一点，或者是把所知道的全部传授给学生。另外，比如说气质、个性等可以带动学生学习，这样会比较好吧。

A：你喜欢什么性格的老师呢？

G：乐观开朗的。我是一个很活泼的人。如果老师比较内敛的话，顾及别人的感受会少一点，只是把自己的想法都传授给学生，但是学生不一定喜欢这种方式。如果老师比较活泼的话，课堂气氛会活跃一点。老师比较拘谨的话，学生可能会紧张一点吧。

A：你还能想到其他的吗？

G：我觉得老师还应该注重学生创造力方面的培养，就英语来说，主要是培养学生独立使用语言的能力。在使用语言当中，一定有一些自己的想法，可能会展现出一些自己对语言的再生能力。关于能力方面，老师还是应该与学生多沟通，全面了解这个学生的特点。像刚才说的那样，培养他的创造力，不单单是传授书本上的知识。

A：还有哪些方面呢？

G：如果在课堂上的话，学生不可能理解全部问题，或者是对一个问题大家都不是很理解，这个时候老师要及时发现，针对问题给学生疏导。

A：你这个“疏导”就是老师应该对你们指导，或者说老师应该起一个引导的作用，是吧？

G：对，不是那种完全传授性的。

A：你刚才说，老师应该具有一定的洞察能力，是吗？那我们谈下一个问题，你刚才提到你们的英语老师，你能不能谈一下她教你们时是什么样子的呢？这个老师有什么优点和缺点？

G：优点刚才谈了不少，就是她比较有耐心，一个很温柔的英语老师，对学生一直保持微笑，让你在课堂上保持一种很放松的状态，并愿意与她沟通。课堂上她还讲了课本以外的知识，比如讲述她去外国的经历、看过的电影等。授课形式很丰富，除了课本上的知识外，在讲到某一知识点的时候，她会给我们补充一些内容。缺点的话，我们系有一百五六十人，在一个大教室上课，因为人太多了，在顾及每一个学生方面比较欠缺一点。

A：你的意思是老师照顾不到每一个人是吧？

G：提问的时候也比较有局限，只有几个人能够与她有口语上的交流，大多数学生是没有这个机会的。还有，课下的沟通比较少。

A：你刚才提到的，老师应该建一个群，保持与学生在课下的交流和沟通。

G：在充分利用网络和计算机方面还是体现得比较不错，而且还会让我们学生自己做一些比较感兴趣的东西，上课带过来与大家分享。我觉得这方面做得挺好的。

A：也就是说这个老师的教学形式很灵活，你们上课时的氛围怎么样呢？

G：课堂氛围比较活跃，因为她互动的环节很多。在讲某一个知识点的时候，她会与学生进行简短的交流，谈一下自己的看法。

A：那我们谈最后一个问题，如果你作为一名大学英语老师，你希望你的课堂是什么样子的呢？

G：我希望在我的大学英语课堂上，学生能够与我配合，不能只有我自己讲，应该跟大家互动一下。但如果大家没有回应，就只能保持一种乐观积极的心态吧。看着年轻的面容，自己的心态也会变得年轻。还有，如果我是一名大学老师，我会尽力做好我上面说的那些方面。

A：你能不能用一句话总结一下，比较优秀的大学英语课堂应该是什么样子的呢？

G：我觉得应该是气氛活跃、师生互动比较多、充分利用各种资源的。在教学活动或教学课堂当中，要有能利用的资源。网络上的资源虽然很丰富，但好多不能利用，我觉得挺浪费的。还有，课上课下要劳逸结合，老师要有丰厚知识储备、教学能力和技能，学生要积极配合老师，充分活跃课堂气氛，我觉得这样才能达到一个很好的教学效果。

A：你的意思是希望大学英语课堂的气氛活跃一点，师生互动多一点，老师应该更侧重应用多媒体。

G：我觉得有些国家的教学方式比较好，老师讲的少，学生表达自己的想法比较多，把自己的想法全展现出来，就我自己而言，不能只是让学生自觉、积极、互动，尽管课下可以自己预习，但是在课堂上还是需要老师补充一些知识。

A：互动环节应该均衡一下。这个问题你还有其他要说的吗？

G：我觉得差不多了。

A：好的，非常感谢你的参与。

G：不用谢。

附件 4

访谈的定性数据分析（以 No. 49 为例）

第一步：三位研究者分别对 60 名受访者进行了如下分析，下表以 No. 49 为例。

No. 49 视角下的高校优秀教师形象

项目	核心类属	下属类属	具体体现	支持数据
德	师德素养	正确的人生观和价值观		我觉得优秀的英语老师应该有正确的人生观和价值观，这样才能够更好地引导学生
		职业道德素质	责任心强	教师的职业道德素质，包括善于与学生沟通交流，与人交往融洽，责任心强等 老师要有很强的责任心，在教学当中，每个学生的特点都不一样，老师要因人施教，要观察每个学生的特点，发现他的特点，激发他的特长，才能培养出更好更优秀的人才 责任心应该体现在比如课堂教学进度和学生的理解能力
专（教师）： “学究型”的教师、良师：专业知识扎实、知识渊	专业素养	“强”的专业知识	储备知识、技能等	老师自身要有知识储备度、教学能力和技能
		“强”的教学能力	教学内容：超越课本	老师课堂上还拓展了一些知识，比如讲述她去外国的经历、看过的电影等，授课形式很丰富，除了课本上的知识，在讲到某一知识点的时候，她会给我们补充一些内容

续表

	核心类属	下属类属	具体体现	支持数据
博、教学能力强			教学内容丰富	就我个人而言，我觉得她挺优秀的，在课堂上很会活跃气氛，很幽默，能带动学生跟她一起互动，学习内容要比其他老师丰富一些 我们上课的时候，英语老师会说一说她去国外的一些经历，也经常给我们放一些外国的影片，让我们去看、去听、去写一些东西，我觉得这样对学生比较好
			教师的引导	如果在课堂上的话，学生不可能理解全部问题，或者是对一个共同的问题大家都不是很理解，这个时候老师要及时发现，针对问题给学生疏导
			课堂气氛活跃	课堂气氛活跃，才能更好地与学生沟通、交流，老师才能把自己所学的知识传授给学生，我觉得这点是最重要的
			培养学生口语交际能力 语言的综合用运用能力	如果英语口语好的话，应试应该也会好的，口语是自己说的，自己能表达出来，说明是记在心里、记在脑子里的；对于应试，比如现在的四、六级考试，目前实行的就是应试考试，但如果去工作、去实践的话，还是口语相对来说比较重要 我觉得老师还应该注重学生创造力的培养就英语来说，它主要是培养学生独立使用语言的能力，在使用语言时，一定有一些自己的想法，可能会展现出一些自己对语言的再生能力，比如学习的知识在运用的时候能够展现出来；关于能力方面，老师还是应该与学生多沟通，全面了解这个学生的特点，像刚才说的那样，培养他的创造力，不单单是传授书本上的知识

续表

	核心类属	下属类属	具体体现	支持数据
			互动交流	教学能力的话，我觉得老师跟学生交流互动多一点，把所知道的知识更多地传授给学生 我希望在我的大学英语课堂上，学生能够与我配合，不能只有我自己讲，应该跟大家互动一下
“人”格魅力	人格魅力	公正、公平		虽然每个学生的特点不一样，但应该公平无私地对待每一个学生，不能根据自己的主观臆想去对待某一个学生，或是特别关照某一个学生，我觉得公平还是挺重要的
		教师应与时俱进		就老师的个人能力而言，因为现在信息发展得比较快，我学的是电子商务专业，网络这方面可能接触比较多一些，老师应该在网络和计算机的利用方面有所提高，这样可以丰富课堂的教学形式，也能提高学生的注意力或者说兴趣度，这对教学有帮助，也是能力的提升
		关心学生		A：你刚才提到英语老师应该有责任心，你觉得除了责任心之外，比如耐心、关爱学生等，是否有必要呢 G：都比较重要吧，综合起来考虑，这是一个优秀的大学英语教师应该具备的全部特点吧
		优雅气质、谈吐		我觉得一个人如果阅历丰富的话，她会自然地体现出来，她的谈吐会吸引你，让你不自觉地去模仿她，比如说口语的时候，你觉得她的英语口语发音非常好听，你会去慢慢地模仿她，虽然做不到很标准，但比以前的发音会好很多 还有比如气质、个性等能带动学生，这样会比较好吧

续表

	核心类属	下属类属	具体体现	支持数据
		乐观开朗		乐观开朗的，我是一个很活泼的人，如果老师比较内敛的话，可能顾及别人的感受会少一点，只是把自己的知识传授给学生，但是学生不一定喜欢这种方式；如果老师比较活泼的话，课堂气氛会活跃一点，因为老师比较拘谨的话，学生可能会动不起来，可能会紧张一点吧 保持一种乐观积极的心态，看着年轻的面容，自己的心态也会变得年轻
		亲和力		优点刚才也谈了不少，她比较有耐心，是一个很温柔的英语老师，对学生一直保持微笑，让你在课堂上保持一种很放松的状态，并愿意与她沟通

第二步：分别比对三位研究者对每位受访者的数据分析，一旦对某一位受访者的分析有歧义时，通过邮件或者面对面进行讨论。

第三步：基于三位研究者对每位受访者的分析，对 60 名受访学生进行了共性分析，并进一步进行了类属分析。

第四步：对所归纳的类属，三位研究者进行讨论。

附件 5

第二阶段的调查量表

各位同学：

您好！非常感谢您抽出时间填写此次匿名问卷调查！

本次问卷调查主要是了解您本人对高校优秀英语教师素质特点的看法，以便更好地服务学生、服务教学，从而提高外语教学质量。所采集的数据仅用于科研。提交调研报告或公开发表时，不会出现任何与您相关的个人信息。

谢谢您的合作！

性别： ________________　**学校：** ______________________________

专业： ________________　**年级：** ______________________________

1. 大学阶段，您遇到过几位优秀英语教师？

A.　一位也没有　　B.　一位

C.　两位　　D.　三位及以上

2. 您个人认为，您所遇到的高校优秀英语教师具有哪些特点？请列举。

1)　____

2)　____

3)　____

4)　____

3. 以下是有关高校优秀英语教师素质特点的陈述。您在多大程度上赞同这些说法？请根据自己的观点，在相应空格内打“√”。

一名高校优秀英语教师________:	很不同意	不同意	不知道	同意	非常同意
充满活力和激情					
和蔼可亲					
热爱教育事业					
精心批改学生作业					
课下能够与学生进行平等的思想与情感交流					
精通掌握英语国家文化					
与学生有很强的沟通能力					
与学生有朋友似的关系					
英语发音标准					
对学生负责，严格要求学生					
精心备课					
关心学生					
幽默风趣					
一名高校优秀英语教师________:	很不同意	不同意	不知道	同意	非常同意
人格魅力吸引学生					
具有宽广的知识面					
治学严谨					
有敬业精神					
引导学生专业成长					
保持学习激情，不懈追求知识					
给学生传递道德“正能量”					
教学中敢于创新					
尊重学生					
英语口语流利					
英语教学能力强①					

① 该选项连同第 4 部分所有问题选项构成了高校优秀教师教学能力量表。

4. 以下是有关高校优秀英语教师教学特点的描述。您在多大程度上赞同这些说法？请根据自己的观点，在相应空格内打“√”。

教学中，注重培养学生________：	很不同意	不同意	不知道	同意	非常同意
语言交际能力					
思辨能力					
独立学习能力					
教学内容能够超越课本，______：	很不同意	不同意	不知道	同意	非常同意
补充英语国家文化、习俗知识					
与学生实际生活相联系					
与教师经历和见闻相结合					
与社会现象相联系					
课堂教学中，________：	很不同意	不同意	不知道	同意	非常同意
能做到师生间互动交流					
能够创设轻松、活泼、开放的课堂氛围					
教学方法灵活多样					
能够做到因材施教					

5. 您个人认为，一名高校英语教师怎样才能成为您眼中的优秀英语教师？

6. 您不喜欢的高校英语教师有哪些特点？

附件6

第二阶段的叙事框架调查问卷

亲爱的同学：

您好！

为更好地倾听你的声音，从你的视角来看我国高校优秀英语教师素质特点，更好地服务高校英语教学，请根据自己实际情况，完成一个连贯的小故事，于本周日（4月14日）晚8：00之前发到：zhansx09@163.com。无需署名，谢谢合作！

学生眼中高校优秀英语教师素质特点的故事叙述

上大学后，我遇到过一位优秀的大学英语老师，那是在什么时候？哪门英语课程的课堂上？

____

____

____

____

____

____

在我眼中，他/她之所以优秀，是由于什么原因？课堂内或课堂外发生了什么事情？

____

____

____

____

其中，给我印象最深刻的一件事是什么？他/她如何对待自己的教学和学生？

如果这位老师或其他老师在教学及对待学生方面怎样做就更好了？

附件 7

调查量表发放的随机抽样的样本学校资料及问卷发放数量

随机抽样学校	发放问卷数		
	非英语专业	英语专业	小计
1. 南开大学	149	3	152
2. 天津科技大学	235	8	243
3. 天津外国语大学	79	26	105
4. 天津音乐学院	35	0	35
5. 中国民航大学	224	6	230
6. 天津财经大学	145	5	150
7. 天津外国语大学滨海外事学院	50	10	60
8. 天津体育学院运动与文化艺术学院	25	0	25
总计	942	58	1000

附件 8

叙事框架问卷调查过程中采集的四个学生叙事

第 43 号学生叙事

上大学后，我遇到过一位优秀的大学英语老师，那是在 2019 年 3 月 5 日，桃树黑色的枝头已经冒出娇俏粉嫩的桃花骨朵，此刻的我顶着仍旧微寒的春风，开启了我大学的第一节英语写作课。这是一节优秀的写作课，因为我遇上令我收获颇多的老师——×老师。

在我眼中，他/她之所以优秀，是由于×老师是一位优秀精干的老师。她告诉我们，身为英语专业的学生，练好英语的写作是非常必要的。就好比身为中国人，不可能不会写中文汉字一般，我们在英语方面比其他专业的学生更优秀。除此之外，她还与我们分享了她的所见所闻，让我们明确自己未来的就业方向。同时，也细细向我们讲解写作句子的不当之处，对我们很有帮助。

其中，给我印象最深刻的一件事是：与君子之交如入兰室，令人身心舒畅。我们身处校园，对社会上的人才需求多有不了解之处，对自己的专业更有疑惑。×老师告诉我们，坚持才是最好的方法。她讲述了许多优秀的学长的事迹。一个和我同乡的学长，他由专业倒数变成专业第一。这个例子让我感受到了前所未有的清醒与激励。唯有坚持才能改变自己，改变自己的未来。坚持能让人变优秀，也让人自律。一切的成功离不开自己的坚持。

如果这位老师或其他老师在教学及对待学生方面怎样做就更好了：×老师事务繁忙，却能在百忙中如良师益友一样对我们，为我们解答疑惑，她是最好的。十分感谢×老师。

第 7 号学生叙事

上大学后，我遇到过一位优秀的大学英语老师，那是在大二的时候，有一位年纪比较大的英语老师，她头发已经花白，但是对教学工作十分认真，她负责教我们大学英语精读。

在我眼中，他/她之所以优秀，是由于她虽然年纪比较大了，但对每堂课都极其认真，PPT 准备的内容不仅包括课本基础知识，还有她自己找资料补充上去的课外相关拓展知识，十分新颖有趣。上课的时候，她会走下讲台，和我们拉近距离；每节课结束前，会让我们先自己找下节课的相关知识，或者让我们背诵指定的一两段课文，下节课上课她会抽查。因为老师对我们就像对自己的孩子一样，严厉中流露出关爱，所以听写、查资料之类比较令人头疼的任务经她布置下来大家都很积极地去完成。

其中，给我印象最深刻的一件事是：有一次下课，她走下讲台和我们聊天，问我们课余时间都怎么安排，我告诉她除了上课写作业，然后就没时间了。她表情严肃地说不会的，还是要找出时间学习自己安排的内容。我听了老师的回答有所感悟，的确，还是对自己要求不够严格。

如果这位老师或其他老师在教学及对待学生方面怎样做就更好了：如果其他老师能和这位英语老师一样要求学生，关心学生的学习问题，可以拉近师生距离，学生的成绩和学习态度、热情度等都会提高。

第 9 号学生叙事

上大学后，我遇到过一位优秀的大学英语老师，那是在大一英语课。

在我眼中，他/她之所以优秀，是由于老师对待教学认真负责，语言生动，条理清晰，举例充分恰当，对待学生严格，能够鼓励学生踊跃发言，使课堂气氛比较积极热烈。老师授课时生动形象，极具幽默感，非常能调动课堂气氛，寓教于乐，激发学生学习兴趣。这也是老师的课到课率极高的原因之一，老师上课条理清晰，容量大，让同学能真正有兴趣、有目的地集中精力听两节课，学到知识。

其中，给我印象最深刻的一件事是：上课时，老师能够从学生实际出发，适当缓和课堂气氛，充分调动学生学习的积极性，使学生在学习之余能够在调节气氛的过程中学习做人。最让我们喜欢他的原因还有，他不仅仅是传道授业解惑，而且常常对学生进行政治教育，开导学生，劝告我们努力学习，刻苦奋进，珍惜今天的时光。

如果这位老师或其他老师在教学及对待学生方面怎样做就更好了：最开始，老师授课速度有些快，但后来学生提建议给老师，老师欣然接受并调整了授课速度。

第 10 号学生叙事

上大学后，我遇到过一位优秀的大学英语老师，那是在大一上学期，刚分完英语分级教学，我被分到了三级，我遇到了我的第一位大学英语老师，她负责教我们班大学英语三。

在我眼中，他/她之所以优秀，是由于她和蔼可亲，总是面带微笑，把我们当作她的朋友。她精力充沛，每节课都分享给我们有关英语的最新知识和信息。她会把她自己平时学英语的途径分享给我们，在课堂上还会给我们播放有趣的视频。她上课会让同学回答问题，但是从来不听写。她把课本上的知识讲得很有趣，提出一些比较开放性的问题，活跃我们的思路，在有趣的课堂互动中把知识潜移默化地教给我们。

其中，给我印象最深刻的一件事是：老师特别体谅人，对同学十分关心，对自己却十分严格。有一次她发烧了，在上课之前她告诉我们她今天可能状态不太好，希望我们谅解。在讲课的过程中明显能感觉到老师的疲惫，但她一直坚持以自己最好的状态讲每一个知识点，我们大家更加认真地听课。

如果这位老师或其他老师在教学及对待学生方面怎样做就更好了：如果其他老师能把同学看作朋友、孩子，而不仅仅是师生关系，我觉得这样会使同学听课更加有劲头。

附件 9

叙事框架答卷的三级编码的定性数据分析

三级编码	二级编码	一级编码	
专业素质（职业人）	严谨教学态度	严格要求学生（7 次）	1. 对待学生严格要求（No.8） 2. 对我们既严厉又温柔（No.20） 3. 在我眼中她之所以优秀是因为即使在大学这么自由的课堂上她仍然严格要求自己，要求我们。我非常开心，有要求才会有进步。我希望在她的写作课上，我的写作能力能够提高（No.32） 4. The first impression that she give me is that she is professional and strict with our students（No.36） 5. 我希望这位老师或其他老师能对我们更加严厉一些，按时检查作业，督促我们学习，戒掉我们的懒（No.40） 6. 希望对我们再严厉一点（No.3） 7. 如果老师能够更加严格对待我们，相信我们的成绩会更加优秀（No.27）
		敬业精神认真（46 次） 批改作业（16 次） 负责（13 次） 严谨态度（8 次） 细心（5 次） 用心（3 次） 敬业（1 次）	1. 给我印象最深刻的一件事是老师在课后认真地批改每一位同学的作文，每一份作文上都有老师大段的评语和修改符号，老师的细心和敬业让我感动（No.4） 2. 老师自己十分严格。有一次她发烧了，在上课之前她告诉了我们她今天可能状态不太好，希望我们谅解。在讲课的过程中明显能感觉到老师的疲惫，但她一直坚持以自己最好的状态讲每一个知识点，我们更加认真地听课（No.9） 3. 给我印象最深刻的一件事是她在出差时将学生作业带上飞机，利用坐这个时间批改作文，十分不易，就为了及时给予我们反馈，十分负责用心，在我们身上花费了很多心血（No.13） 4. 有一次，老师患了重感冒，嗓子很不舒服，但她还是坚持给我们上课。她嗓子不太好，怕我们上课听不清她讲话，一直坚持佩戴扩音器（No.24） 5. 给我印象最深刻的一件事是老师无论多么忙碌绝对不会耽误同学们的学习，花大量时间给同学们批改作文（No.40）

续表

三级编码	二级编码		一级编码
		教学认真负责	1. 教学态度也非常出色（No.5） 2. 在我眼中，他/她之所以优秀，是因为她的教学方法和教学态度（No.33） 3. 课堂上，她一丝不苟，兢兢业业，认真严谨地讲解每一个写作要点（No.4） 4. 课堂外的她，朴素严谨，认真地批改每一位同学的作文（No.4） 5. 给我印象最深刻的一件事是老师在课后认真地批改每一位同学的作文（No.4） 6. 她的认真令我感动。课堂上，她照顾每一位同学，给每一位同学发言的机会；课堂下，她认真批改作业，甚至批改到晚上 11 点，十分辛苦。但是她不嫌烦、不嫌累，在她的心中，我们的进步就是对她最大的安慰（No.5） 7. 给我印象最深刻的一件事是老师对待教学是严谨而认真的，给我们带来最好的写作课。最令我感动的是每一篇同学的作文她都认真修改、写评语。我们看到的评语，都是老师熬夜挤时间写出来的（No.5） 8. 上大学后，我遇到过一位优秀的大学英语老师，上大二时有一位年纪比较大的英语老师，她头发已经花白，但是对教学工作十分认真，她负责教我们大学英语精读（No.6） 9. 在我眼中，他/她之所以优秀，是由于她虽然年纪比较大，但对每堂课都极其认真（No.6） 10. 每节课结束前，会让我们先自己找下节课的相关知识，或者让我们背诵指定的一两段课文，下节课上课她会抽查（No.6） 11. 在我眼中，他/她之所以优秀，是由于老师对待教学认真负责（No.8） 12. 一开始我的写作成绩不太好，经常请教老师，她总是很认真地给我讲解，她很忙，但她还是抽出时间回答我的疑问，修改我写的作文，指出问题所在，我们交的作业，她在飞机上还在批改作业，并且每个人的作业上都写了一大段评语，在我的作业背面甚至还写了对我自主练习的作文的评价。我真的觉得老师是一个特别负责任的人（No.10） 13. 对于课后作业，老师的批改从未拖延，写作课是一门需要花费大量时间的科目，不论是老师还是学生。老师将我们的作业带出门，利用路程中的时间批改，令人感动（No.13）

续表

三级编码	二级编码	一级编码	
			14. 在我眼中，她之所以优秀，是因为她对工作的认真负责（No.13） 15. 她以非常认真的态度对待自己的教学，每次课前她都非常认真地备课，在讲解的过程中为我们穿插讲解许多课外的知识。老师对我们自己准备的展示也非常认真，每次都一词一句地听完，及时纠正（No.14） 16. 工作认真负责，态度严谨，布置课外写作，让我们自主练习。布置课外改错，让我们认真练习（No.17） 17. 他上课时的认真严谨的态度（No.21） 18. 她对待自己的教学很严谨，会在书上做好教学笔记和勾出重点（No.25） 19. 老师上课时非常认真（No.29） 20. 在我眼中，他/她之所以优秀，是对待课堂教学和学生认真负责（No.45） 21. 给我印象最深刻的一件事是批改作业，给我们留评语，肯花时间（No.30） 22. 上大学后，我遇到过一位优秀的大学英语老师，在大一上学期的综合英语课堂上，我第一次开始学习综合英语的课程，也是从那时候起，老师对这门课的认真负责打动了我（No.31） 23. 在我眼中，他/她之所以优秀，是由于课堂上，她总是做好充分准备，游刃有余地完成课内教学（No.31） 24. 老师批改我们的作业真的是很认真。她会一个一个地给学生的作业写批语，老师的批语不是随便写的，不是敷衍的，每个同学的批语都很符合实际情况，而且有长长的一段。但这项工作是很花时间的，老师即便是在乘公交车时也不闲着，为我们批改作业。我真的很少遇见像她这么认真负责的老师，她真的是一位称职合格的老师（No.33） 25. 她认真备课，辛苦加班完成作业的批改，会指出我们的错误和改进的地方。对待课堂，她很积极，每次都认真备课，搜集资料（No.37） 26. 她认真负责，及时改判作业，回答我们的问题（No.39） 27. 教学严谨（No.44） 28. 认真负责。两个班共 50 份作文，每一份都认真批改，甚至在火车上、飞机上都在帮我们修改作文（No.45）

续表

三级编码	二级编码		一级编码
	扎实的专业知识、技能	语言基本功发音（5次）	1. 吐字清晰，英语口音很标准（No.1） 2. 语言生动，条理清晰，举例充分恰当（No.8） 3. 她的口语发音标准，也常常耐心地为我们纠正读音（No.14） 4. 最重要的是，身为一名教授英语口语的老师，他的口语发音标准流利，给学生很舒服的感觉，让学生有学好这门学科的兴趣和决心，让我更加觉得他很优秀（No.21） 5. 流利的口语和标准的发音（No.26） 6. 如果是全英式教学，能做到发音标准、口语表达流利，给学生树立榜样就更好了（No.21）
		扎实的专业知识 知识（44次） 专业知识（5次） 知识点（5次） 知识面（1次）	1. 具有专业知识（No.44） 2. The first impression that she give me is that she is professional and strict with our students（No.36） 3. 老师是名牌大学毕业的博士，确实专业知识非常厉害（No.20） 4. 就任何老师而言，首先是自身的专业知识绝对过关（No.21） 5. 专业素养高（No.24） 6. 她不仅有优秀的英语能力，还有较高的教学水平（No.5） 7. 自她给我们上了第一节课起，我就知道，她是一个优秀的老师。老师分为很多种，只要是能成为老师的人，他们就必定具有超凡的专业知识（No.38）
	广博的其他知识	宽广的知识面	1. 愿意给我们讲很多其他国家的事情（No.2） 2. 老师知识面很广，能够旁征博引，由点及面（No.24） 3. 她阅历丰富，见多识广，腹有诗书气自华，老师的自信真的不是一天两天就可以练出来的，是在不断地丰富自己的见识中建立起来的（No.26） 4. 这位老师具有文化底蕴（No.34） 5. 老师会扩展一些课外知识，经常会给我们分享一些英语材料及知识点（No.44）
	较强的教学能力	教学内容丰富	1. PPT 准备的内容不仅包括课本基础知识，还有老师自己找资料补充上去的课外相关拓展知识，十分新颖有趣（No.6） 2. 老师上课条理清晰，信息量大，让同学能真正有兴趣、有目的地集中精力听两节课，学到了知识（No.8） 3. 她精力充沛，每节课都分享给我们有关英语的最新知识和信息。她会把她自己平时学英语的途径分享给我们，在课堂上还会给我们播放有趣的视频。她上课会提问，但是从来不听写（No.9）

续表

三级编码	二级编码	一级编码	
			4. 老师为我们讲许多有效的学习方法，介绍了适合我们观看的书籍和电影。她还会给我们介绍很多课外知识。这位老师具有文化底蕴（No.34） 5. 老师会扩展一些课外知识，经常会给我们分享一些英语材料及知识点（No.28） 6. 多多普级英美文化，营造英美学习气氛，注意文章细节会更好（No.18） 7. 在教学上能给予学生更多灵感就更好了（No.28） 8. 希望老师以后上课能多给我们讲一些有意思的知识，再多讲讲语法知识就更好了（No.29） 9. 如果能在日后教学中再详细地讲述国外的文化，我觉得课堂就更丰富了（No.34）
		讲解细致教学（27 次） 讲解（23 次） 细致（6 次） 易懂（5 次） 详细（3 次） 教学水平（2 次） 学习方法（1 次）	1. 讲课的逻辑性很强，主题和内容分析得很到位，会时常和我们开玩笑（No.14） 2. 课堂上讲课的时候很细致，可以把课文讲得很透彻，知识点很清晰（No.19） 3. 讲解细致（No.24） 4. 讲解详细（No.19） 5. 讲课的时候细致入微，涉及的每个知识点都会进行全面讲解（No.44） 6. 课内给我们讲解写作知识非常详细、得当，我们都听得非常认真、仔细、入迷（No.17）
		教法灵活有趣（11 次） 参与（1 次） 互动（4 次） 提问（4 次） 调动（4 次） 合作（1 次）	1. 她不仅有优秀的英语能力，还有较高的教学水平（No.5） 2. 自她给我们上了第一节课起，我就知道，她是一个优秀的老师。老师分为很多种，只要是能成为老师的人，他们必定具有丰富的专业知识，有的老师能把它们“倒”出来，而有的老师却像没有嘴儿的茶壶，虽然我知道它里面一定装了许多金茶叶，但我不知道这个金茶叶到底是什么滋味。我的老师就属于前一种。而我觉得这样的老师，才能真正称得上“老师”。就拿我们英语专业来说，她教给我们，阅读完一篇文章要做到能写下它的 summary。这真的是一个锻炼英语思维能力的好方法。最重要的是，她尊重并听取每一个学生的意见和建议，我觉得我们和她共同构成了这一个课堂。我不知道怎样表达她的优秀和我对她的喜欢（No.38）

续表

三级编码	二级编码		一级编码
			3. 在我眼中，他/她之所以优秀，是因为她的教学方法和教学态度（No.33） 4. 能够鼓励学生踊跃发言，使课堂气氛比较积极热烈（No.8） 5. 老师授课时生动形象，极具幽默感，非常能调动课堂气氛，寓教于乐，激发学生学习兴趣（No.8） 6. 给我印象最深刻的一件事是上课时，老师能够从学生实际出发，适当缓和课堂气氛，充分调动学生学习的积极性（No.8） 7. 上了大学后，我遇到一位优秀老师。我觉得他之所以优秀，是因为他上课能带动课堂氛围和我们的思维。他上课的方式很灵活，不死板，比如他经常给我们分享自己的趣事，有时讲到都快下课了，但是我们都很开心（No.11） 8. 课堂上，她讲得通俗易懂，她总是询问我们是否听懂了，是否跟上了，重要的知识点多次重复使我们印象深刻。同时，又吸引我们的注意力，让我们在课堂上能够做到认真听讲，不被外界因素干扰。课堂生动有趣，不只是讲理论讲知识，更是讲学生们能够懂的、可以理解的东西，不是照着课文读一遍就完了的那种（No.16） 9. 在我眼中，他/她之所以优秀，不仅仅是因为她优秀的授课能力（No.12） 10. 她把课本上的知识讲得很有趣，提出一些比较主观的开放性的问题，活跃我们的思路，在有趣的课堂互动中把知识潜移默化地教给我们（No.9） 11. 在我眼中，他/她之所以优秀，是因为老师的教学方法给我们很大帮助（No.41） 12. 在课堂上，老师讲授方式新颖，通过PPT向我们展示英语写作的风采，不同于传统“老师讲，同学听”的教学方式，老师不断与同学互动，向同学们提问，让同学们在一问一答中掌握所学知识（No.16） 13. 课堂上给我们讲解写作知识非常详细、得当，我们听得非常认真、仔细、入迷，仿佛老师在和我们面对面的谈话，让我们受益匪浅（No.17） 14. 她总是让我们注重小组合作（No.20） 15. 我印象最深刻的就是大一上半学期课堂布置了一项英文话剧表演。我们自由组合，以小组为单位，角色扮演英语精读课文中的人物。每个组都使出浑身解数，认真地表演。这个教学内容新鲜有趣，同时也极大地激发了我们的学习

续表

三级编码	二级编码	一级编码	
			兴趣，提升了我们的英语运用能力。在表演过程中，组与组之间相互打分，采取了去掉最高分和最低分的评分方式，保证了表演的公平性。在我们每个组表演之后，老师逐一进行了点评，点评客观公正，既肯定了我们，也指出了我们每一个小组的不足之处（No.23） 16. 我们学到了许多知识，老师能够综合运用多媒体教学，课堂生动有趣（No.23） 17. 她总是会针对课堂内容提出一些开放性的问题，给予学生思考交流的机会（No.31） 18. Every time we finish the presentation at our class, she will raise many penetrating questions in order to let classmates answer. We even joke it as a dying way of soul judging. But we can always get a lot from our own inflections when we are thinking it. And she usually give us her opinion from her view. And we can be exposed to some new ideas of a experienced teacher（No.36） 19. 在课堂上，她会随时提出问题，所以大家都必须紧跟课堂来回答问题。她的问题都是让人去思考的，她会让同学们分组进行讨论，每组轮流上台对问题的回答进行展示。在展示过程中，她认真倾听完每位同学的叙述，并在结束后予以鼓励和讲评。在课外，她会分享很多论文、资料供我们学习参考，也会对这些资料进行讨论，并以作业的形式让同学们完成对这些论文的自我思考，同时大家更加理解这些资料（No.37） 20. 在课堂上老师很重视我们的课堂参与度，她会给我们很多的发言机会，比如让我们读一小段话或者让我们阐述自己对某个点的看法，而不仅仅是“老师一直讲，我们一直听”。在课堂外她会给我们布置一些作业，比如让我们反复修改一篇自己写的文章，刚开始时我觉好麻烦，但后来事实证明老师是对的，我们可以写得更好（No.33） 21. 她上课合理安排时间，利用好课堂上的每一分钟，尽可能多地让我们学到东西。她要求我们对每一篇写出来的作文不断修改，精雕细琢（No.39） 22. 她把我们作文中错误的句子汇总成一个文档，让我们认真修改，虽然觉得很难但也收获了很多，也学会了很多（No.39）

续表

三级编码	二级编码	一级编码
		23. 在我眼中，他/她之所以优秀，是对待学生认真负责，讲课有条理，合理安排课堂的内容，不浪费时间，根据我们的具体情况，对课程安排做出合理的调整（No.45） 24. 如果她可以使课堂教学更加新颖就好了（No.25） 25. 在课堂上让同学们多做一些课堂问题讨论，能让同学们更快、更轻松地融入课堂，为课堂的建设建言献策（No.43）
	课堂气氛活跃 有趣 （11 次） 气氛（7 次）	1. 做课堂展示，这很有趣（No.1） 2. 课堂生动有趣，不只是讲理论讲知识，更是讲学生们能够懂的、可以理解的东西，不是照着课文读一遍就完了（No.16） 3. 能够鼓励学生踊跃发言，使课堂气氛比较积极热烈（No.8） 4. 老师授课时生动形象，极具幽默感，非常能调动课堂气氛，寓教于乐，激发学生的学习兴趣（No.8） 5. 给我印象最深刻的一件事是上课时，老师能够从学生实际出发，适当缓和课堂气氛，充分调动学生学习的积极性，使学生在学习之余能够在调节气氛的过程中学习做人（No.8） 6. 上了大学后，我遇到一位优秀老师。我觉得他之所以优秀，是因为他上课能带动课堂氛围和启发思维。他的上课方式很灵活，不死板，比如他经常给我们分享自己的趣事，有时讲到都快下课了，但是我们都很开心（No.11） 7. 在她的课堂上，我感觉氛围很融洽和谐（No.23） 8. 同学们的互动频繁有效，活跃了班级学习氛围（No.4） 9. In her class，I will not feel much pressure or axciety because she is easy to get along with（No.36） 10. 在有趣的课堂互动中把知识潜移默化地教给我们（No.9） 11. 老师能够综合运用多媒体教学，课堂生动有趣（No.23） 12. 课上的英文式教学能循序渐进，多活跃课堂气氛会更好（No.13） 13. 我希望她可以让课堂更加活跃，在语法方面可以多讨论（No.37） 14. 如果在课堂上她能多和我们互动，让气氛更活跃就好了（No.12）
	学业帮助 帮助（9 次） 指导（4 次） 指路人 （1 次） 领导（1 次）	1. 因为是第一学期开写作课，同学们都相对陌生和迷茫，老师给予我们很大的帮助。为我们讲解了何为英语写作，以及写作的注意事项，讲解仔细而耐心（No.13） 2. 给我印象最深刻的一件事是我刚开始选了一门新生研讨课，老师给予了我一定的帮助，并且在课下的时候还给了我相关资料和辅助软件，给了我许多相关指导（No.18）

续表

三级编码	二级编码	一级编码	
		陪伴（1次）	3. 给我印象最深刻的一件事是我向她提出了一个课外问题，她仔细聆听，并认真准备了她的建议，在第二天告诉了我（No.31） 4. She often give us some useful skills and resources that is meaningful for our study（No.36） 5. 她无论多忙都会想着我们。在飞机上，她还在帮我们改作文；在北京会议现场，她不断把她觉得有用的东西发给我们（No.39） 6. 为同学们创造更多提高自己能力的机会，鼓励同学们参加学校的各种比赛，在实践中提高自己学习知识、掌握知识的能力，做到学以致用，活学活用，成为真正的英语专业的学生（No.40） 7. 感谢某老师，您是我们的指路人（No.40） 8. 上大学后，我遇到过一位优秀的大学英语老师，那是在2019年3月5日，桃树黑色的枝头已经冒出娇俏粉嫩的桃花骨朵，此刻的我顶着仍旧微寒的春风，开启了我大学的第一节英语写作课。这是一节优秀的写作课，因为我遇上令我收获颇多的老师——展素贤老师。在我眼中，他/她之所以优秀，是由于展老师是一位优秀精干的老师。她告诉我们，身为英语专业的学生，练好英语的写作是必要的。就好比身为中国人，不可能不会写中文汉字一般。我们在英语这方面比其他专业的学生更为优秀。除此之外，她还分享了她的所见所闻，让我们明确自己未来的就业方向。同时也向我们讲解写作句子的不当之处，我们受益匪浅（No.42） 9. 上大学后，我遇到过一位优秀的大学英语老师。在那时，我们怀着对未来的憧憬来到了科大，开始我们新的旅程。她是我们的第一位综合英语老师，第一节综合英语课在她的领导下，班里的每一个人都做了自我介绍。就这样，在她的陪伴下，大家从最初的陌生到后来的相识相知。在我眼中，他/她之所以优秀，是由于她十分了解班中每一位同学的英语水平，并运用许多不同的方式提高我们对英语学习的兴趣，让同学们学到更多知识。每一节课，在她的讲述下，仿佛都有收获。同时她对课堂的规划十分周密，每节课都有细致的教案（No.43） 10. 在课下交流时，总能给予一些专业的回复，对学习非常有帮助（No.44）

续表

三级编码	二级编码	一级编码	
			11. 在学生认为困难或比较难懂的地方讲解得多一些（No.14） 12. 如果每位老师都能像这位老师一样循循善诱，多讲些学生更好理解的知识就更好了（No.16） 13. 在课内学习中给予更加明确的指导，在学生思考后给予总结与建议（No.31）
社会个体优秀特点	个人魅力	耐心 耐心（17次）+悉心（1次）	1. 我有什么问题都愿意问她，她也愿意给我讲解（No.2） 2. 我们小组要做一次公开课，做到了很晚还有很多不会的，告诉她后，她特别认真地给我们讲解，没有一点不耐烦。我想这么用心对别人，别人也会感受到吧（No.2） 3. 这个老师对学生特别有耐心，如果别的老师能和这个老师一样对学生就更好了（No.2） 4. 每当有难题时主动与我们交流（No.3） 5. 当同学们在写作上遇到问题时，她耐心解答，是我们学习的好榜样（No.4） 6. 在我眼中，他/她之所以优秀，是她对待基础不太好的同学十分用心，分别总结了我们班同学分级考试时失分最多的题型，并仔细讲解，讲完后出类似的题，直到我们都掌握了为止。课后作业她每次都可以分两周交，给我们充足的时间（No.7） 7. 因为是第一学期开写作课，同学们都相对陌生和迷茫，老师给予我们很大的帮助。为我们讲解了何为英语写作，以及写作注意事项，讲解仔细而耐心（No.13） 8. 老师对学生耐心和细心，总会给予我们鼓励和支持，与我们分享她的学术研究以及经验之谈，给我们信心和知识（No.13） 9. 她有爱心、耐心、恒心（No.14） 10. 课下对学生提出的问题耐心讲解，让我觉得他很优秀（No.21） 11. 她平时温柔善良，我们有问题也会耐心地为我们解答（No.14） 12. 她会在课下耐心回答我们提出的问题，了解我们的想法，还会在课堂上注意我们的每个细节，纠正我们的每一个人的读音（No.18） 13. 大学我遇到了一位优秀的英语老师，不管是在课堂上还是课下，她很热情也很耐心地为我们解答着不同的难题，从来没有给我们摆过任何的脸色（No.22）

续表

三级编码	二级编码	一级编码	
			14. 给我印象最深的是她细心地教我怎样写作文，因为当时我的英语写作真的很差，老师真的很好（No.22） 15. 她非常有耐心，课堂上她总是很和蔼地给我们讲课，很容易懂，让我们自由发言讨论，这增强了我们的自信心（No.25） 16. 对学生有耐心（No.26） 17. 给我印象最深刻的一件事是她认真对待学生的作业和成果，在每个同学做完自己的演讲后，提出相关问题，加深学生们对这个主题的理解（No.28） 18. 课堂上，老师讲解非常有耐心，除了书本上的内容以外，老师让我们每个人选择一个自己感兴趣的话题，在每节课开始的时候，让每位同学都上台演讲。一方面，可以让我们了解有关政治、经济、教育方面的热点话题；另一方面，可以锻炼我们的演讲能力，学习如何在公众面前更自信地展示自己。老师对于单词课文大意的讲解也非常到位，对课文中结构复杂、比较难理解的句子为我们耐心分析结构，认真讲解。课后习题告诉我们正确答案，也会为我们讲一些其他的知识点（No.29） 19. 在课堂上，她能够十分认真地聆听每一位同学的演讲，并且提出这位同学的优点以及需要改进的地方。在听写完之后，老师也能给我们指出错误并和同学单独进行交流（No.35） 20. 我们写作水平一开始都很欠缺，她耐心地教导我们，从最基础开始做起，包括学习方法、词汇、短语、长短句、复合句和各种语法现象。在她的耐心指导下，我们逐渐有信心继续学下去了。她每周都会给我们布置相关写作练习，巩固课上学到的知识，我们写的每篇作文她都会进行点评，并提出修改意见，对我们的帮助很大（No.41）
		沟通交流 了解（4次） 交流（4次）	1. 如果其他老师能和这位英语老师一样严格要求学生，同时关心学生的学习问题，拉近师生距离，学生的成绩和学习态度、热情度等都会提高（No.6） 2. 希望老师可以多多和学生进行线下交流，让学生和老师可以对彼此有更深入的了解（No.15）
		包容	1. 犯错了也依然包容我们（No.3） 2. 在大一上学期的一节综英课上，我们开始了第一次的单元小测试，也许因为态度不端正，也许因为难以适应大学的学习

续表

三级编码	二级编码	一级编码	
			生活，那次测验我表现得非常不好。我很难过，难过自己不尽人意的表现，难过刚开学便给老师留下不好的印象。可随着时间的推移，在后来的课堂中，我并没有发现老师对我另眼相待，而且在课上我看她，她都会给我回应，让我重拾对综英的学习积极性，让刚开始大学生活的脆弱的我不再害怕（No.15） 3. 她尊重、关心学生们。有一次学委请我们吃雪糕，吃到一半上课铃响了，老师特别可爱地说："你们别着急，你们一边吃着，我一边讲着，注意听就行了。"令我印象深刻的是她对学生们的态度，更多的是理解，而不是责怪，更多的是站在学生的角度，而不是自顾自。良好的师生关系是学生和老师相互尊重形成的。另外，我们班有个同学经常缺课，老师不是责怪、气愤，或是取消其考试资格等，而是关心这位同学之后的发展及毕业问题（No.16） 4. 身为学生的我们有时不认真学习这门课，他不会批评我们，只是认真给我们讲道理。重要的是那些道理深深地印在心里，让我们有所触动，知道悔改（No.21） 5. When I got embarassed due to not knowing the answer，she just entertained it in a humorous way instead of punishing me which would let me lose face in all class（No.36）
	个人魅力引导学生	鼓励（17 次）	1. 有一次我上台做课堂展示，写了一篇课文总结，当我在台上紧张地读完后，他问了我几个问题，我想用中文回答，他鼓励我说英语，在他的提示和帮助下，我第一次用英语回答问题（No.1） 2. 给我印象最深刻的一件事是有一次下课，她走下讲台和我们聊天，问我们课余时间都怎么安排，我告诉她除了上课写作业，然后就没时间了，她表情严肃地说，还是要找出时间学习自己安排的内容。我听了老师的回答顿时有所感悟，的确，还是对自己要求不够严格（No.6） 3. 一开始我的写作成绩不太好，然后就请教老师，她总是很认真地给我讲解，在我对自己没有信心的时候，她的话给了我很大的鼓励，她说她有信心把我教好，把我们教好，我也更加相信"越努力越优秀"这句话，我会更加努力的（No.10） 4. 我英语基础不好，在班上的成绩也不是很好，但是在私下里老师会教我方法，让我不要气馁。她给我的印象是慈祥可亲的，就像妈妈一样（No.12）

续表

三级编码	二级编码	一级编码	
			5. 给我印象最深刻的一件事是有一次在上课的时候，一个同学回答不出来问题，显得有点尴尬，但是老师立刻帮那位同学化解了尴尬，并说了一句 quite good（No.12） 6. 给我印象最深刻的一件事是有一天我们上课的时候，她鼓励一个同学，然后说出了自己的经历。她说在她上大学的时候，最痛苦的事情就是背课文，但是背完真的有用。而且据研究，多背东西还可以减少记忆力衰退的可能性，减少老年痴呆可能。不得不说，这种以自己的经历鼓励我们的方式真的很有用，大家有了动力，积极性也一下子提高了。从那以后，不仅是那个同学，就连我们都有了背课文的动力，不再逃避，不再倦怠，都很认真很积极地背起课文（No.26） 7. 记得那一次是轮到我课堂演讲了，知道老师每次演讲完都会提问题，所以自己在课前也准备一些可能问的问题的回答。但是老师还是问出了我没有想到的问题，当时站在台上非常紧张，毕竟下面还有好多同学在看着我，如果站在台上什么都不说的话，感觉非常丢人。我就随便说了一两句，本以为老师看到我很为难，会让我下去，但老师还是继续问我有关那个问题的内容，我真的是紧张到话都说不流畅。当时还有点怪老师为什么一直问我，让我非常尴尬，但后来想想，老师这其实也是在考验我的临场发挥和应变能力。如果以后面对问题不能从容地用英语回答的话，那也会很难胜任自己的工作（No.29） 8. 在课下老师会利用现代科技的软件，帮助、鼓励、督促同学们去学习，让同学们形成想学习、会学习、能学好的良好风气（No.40） 9. 在教学态度上给我们很大尊重和鼓励（No.41） 10. 给我印象最深刻的一件事是在一次课堂写作练习时，老师让我们写一个自己感兴趣的话题，并介绍给大家。我写的是 Spring。我在写作上是很没有自信的，也一直想写好，所以就请教展老师，她读完我写的句子，说我写得很不错，然后在课上展示给其他同学看，并说我用到了描写的手法，描述的画面感很好，这给了我很大的鼓励。然后又把我写的不足之处点出，以便我更好地改正。所以很感激她对我的鼓励和帮助（No.41） 11. 与君子之交如入兰室，令人身心舒畅。我们身处校园，对社会上的人才需求多有不解之处，对自己的专业更有疑惑。

续表

三级编码	二级编码	一级编码	
			老师告诉我们，坚持才是最好的方法。她讲述了许多优秀的学长的事迹。一个和我同乡的学长，他由专业倒数变成专业第一，走向成功。这个例子让我感受到了前所未有的清醒与激励。唯有坚持才能改变自己，改变自己的未来。坚持能让人变优秀，也让人自律。一切的成功离不开自己的坚持（No.42） 12. 给我印象最深刻的一件事是教学严谨，多以鼓励式教育，让我敢想敢说，独立思考，不过分依赖于课本和权威（No.44）
		生活、学习的帮助	1. 因为我的第一份兼职就是这个老师给介绍的，我得到了我人生的第一份工作（No.41） 2. 老师对学生非常耐心和细心，总会给予我们鼓励和支持，与我们分享她的学术研究以及经验之谈，给我们信心和知识（No.13） 3. 老师为人正直善良，充满正能量，引导着大一的新生，努力迎接自己最美好的未来（No.40）
个性特点（社会个体）		和蔼可亲 和蔼（14次） 慈祥（4次） 温和（2次） 亲切（2次）	1. 她总是很亲切又很优雅（No.2） 2. 老师对我们就像对自己的孩子一样，严厉中流露出关爱，所以听写、查资料之类比较令人头疼的任务经她布置下来大家都很积极地去完成（No.6） 3. 在我眼中，他/她之所以优秀，是因为她的性格和态度（No.28） 4. 她十分和蔼可亲，总是面带微笑，把我们当作她的朋友（No.9） 5. 大一综合英语课程上，她温柔、风趣（No.14） 6. 她的和蔼可亲，对我来说，她是一位可敬又可爱的老师（No.16） 7. 在我眼中，他/她之所以优秀，是因为她非常和蔼可亲，不论我表现得多差，不论我多么窘困，她嘴角一直微微向上，缓解我的尴尬，让我情绪得以平复。她的亲切，让我不再因为薄弱的基础而害怕英语，对英语的学习有很高积极性（No.15） 8. 她善良慈祥（No.12） 9. 她特别和蔼可亲、平易近人（No.18） 10. 对我们严厉又温柔（No.20） 11. 她和蔼可亲（No.24）

续表

三级编码	二级编码	一级编码	
			12. 课堂上她总是很和蔼地给我们讲课，很容易懂，经常让我们自由发言讨论，增强了我们的自信心（No.25） 13. 每次我们做 PPT 展示，她总是会很和蔼地指出错误，同时给予我们很大的鼓励（No.25） 14. 她是一位年长的老师，和蔼可亲，不管在课堂上还是课间总是带着慈祥的微笑（No.27） 15. 课堂外，她像朋友一样，与学生融洽相处（No.31） 16. 为人和蔼，有亲和力（No.44）
		亲人关系	1. 老师对待我们像自己的孩子一样，大一结束的时候她退休了，还找了一天和我们一起合照，希望我们来日可期（No.2） 2. 老师对我们就像对自己的孩子一样，严厉中流露出关爱，所以听写、查资料之类比较令人头疼的任务经她布置下来大家都很积极地去完成（No.6） 3. 她给我的印象是慈祥可亲的，就像妈妈一样（No.12） 4. 我们大家都像对待最亲近的长辈一样对待她，她就像亲人一样和我们相处（No.22）
		平等关系 尊重（7 次） 融洽（4 次） 朋友（9 次）	1. 上课的时候，她会走下讲台，和我们拉近距离（No.11） 2. 在我眼中，他/她之所以优秀，是她十分和蔼可亲，总是面带微笑，把我们当作她的朋友（No.9） 3. 良好的师生关系是学生和老师相互尊重形成的（No.16） 4. 和我们的关系亦师亦友（No.18） 5. 和同学们相处很融洽（No.19） 6. 她的性格很温和，给人一种很好相处的感觉。事实确实是这样，我们班的每个同学在课上都十分配合她的教学工作（No.23） 7. 亦师亦友（No.24） 8. 经过一个学期的相处，我们已经非常了解对方并且有了深厚的感情，但是这个时候她却要退休了。我们在上完最后一节综合英语课之后一起去校门口拍了合照（No.27） 9. 课堂下她是一个非常好相处的人（No.29） 10. 课堂外，她像朋友一样，以和蔼可亲的态度与学生融洽相处（No.31） 11. 展老师事务繁忙，却能在百忙中如良师益友一样对我们关心照顾，为我们解答疑惑，十分感谢展老师（No.42） 12. 良好的师生关系是学生和老师相互尊重形成的（No.16） 13. 如果其他老师能把同学看作朋友、孩子，而不仅仅是师生

续表

三级编码	二级编码	一级编码	
			关系，我觉得这样会使同学听课更加有劲头，而不是感觉只是配合老师听课而产生一些抵触感（No.9） 14. 课后也希望老师能与我们交朋友（No.29）
		关心学生想（3 次） 关心（8 次） 关爱（2 次）	1. 她常常挂念同学，当她开会或者做活动时，总是想着把最新的关于英语的消息分享给大家，给我们带来有用的信息。还会利用教学软件，把学习资料发给大家，供大家学习（No.5） 2. 学生在学习之余能够在调节气氛的过程中学习做人（No.8） 3. 最让我们喜欢他的原因是，他不仅仅是传道授业解惑，而且常常对学生进行政治教育，开导学生，劝我们要努力学习，刻苦奋进，珍惜今天的时光（No.8） 4. 给我印象最深刻的一件事是老师特别体谅人，对同学十分关心（No.9） 5. 她作为我的导师，平时关心我们在生活中遇到的问题（No.14） 6. 她尊重、关心学生们（No.16） 7. 对我们的学习、生活都很关心（No.24） 8. 不管在学习上还是生活上，她都非常关心我们（No.27） 9. 老师在课堂上留予学生们思考的空间，作为引导者为我们指明方向，以专业的知识储备为我们解答疑问（No.28） 10. 老师很注重挖掘我们个人的潜力。在她去听座谈会的时候，会把有用的东西收集起来发给我们，尽量让我们多学一点东西。老师的良苦用心我们真的感觉得到（No.33） 11. 给我印象最深刻的一件事是她对我们十分和蔼，经常为大家着想。天气渐凉时，她会提醒我们注意保暖，在我们遇到困难时，会尽全力去帮助我们（No.43）
		幽默（4 次）	1. 极具幽默感（No.8） 2. 他言语风趣，能让我们感到很轻松，吸收知识更快（No.11） 3. 在大一综合英语课上，她温柔、风趣（No.14） 4. 幽默感（No.44）
		自信（2 次）	1. 老师鼓励我们学习，并有决心教好我们，我喜欢她的自信（No.30） 2. 任老师的自信真的不是一天两天就可以练出来的，是在不断地丰富自己的见识中建立起来的（No.29）